もしものプロ野球論

野村克也

ワニブックス
PLUS新書

はじめに

スポーツの世界に「たられば」を持ち出すのが無粋であることくらいは、俺もよくわかっているつもりだ。選手にもよく言ったよ、反省とは未来へ向かってするべきものであって、過去へ向かうのは「たられば」の後悔でしかないって。「もしも、あのとき」と言い出したらキリがない。スポーツに限らず、野球に限らず、人生そのものに言えることだろうな。

では、なぜ今回、このような本を作ることになったのか。出版社から頼まれたからだよ（笑）。「野村さん、『もしも○○だったら』という括りで、プロ野球を回顧していただけませんか」と言う。「ちょっと難しいんじゃないかな、こじつけのような話になっちゃうよ」と答えたんだが、「それでもいいです」「大丈夫です。野村さんなりの『もしも』なので」なんて言う。

ホントかねと思ったけど。まあ、それならば時間も多少は作れそうだったので、やってみましょうかと引き受けさせてもらった次第だ。今まで、たくさん本を出してきたけど、たまにはこういうのがあってもいいかもしれない。

そもそも、プロ野球にはドラフトという制度がある。ドラフトはくじ引きだ。抽選で選手の人生が決まってしまうわけだから、「もしもあの選手が○○へ行ってたら……」というドラマが、毎年必ず生まれる。ドラフトこそ「もしも」の世界だな。

たとえば、1992（平成4）年のドラフト。その年の目玉は、星稜高校の松井秀喜。4チームが競合して松井を1位指名したわけだけど、うち（ヤクルト）は先発ローテーションを守るピッチャーが欲しかったので、伊藤智仁を指名した。

でも、あのときは、編成部から「松井でいきましょう」という声が強かったんだよ。「松井が来れば10年は4番打者で苦労しない」って。そうかもしれない。でも、当時のチーム事情を考えたら、やっぱり先発の柱が必要だったし、4番なら外国人を獲ってくればなんとかなるじゃない。それで、スカウトの意見を押し切る格好で伊藤を指した。もしもあのとき、スカウトの意見を受け入れて、松井指名でいってたら、くじも当たって、松井がヤクルトへ来てたら、はたしてどうなっていたかね。

巨人の長嶋監督が掲げた「4番1000日計画」ではなく、俺のもとで「ノムラの教え」を勉強し、いわゆるID野球の申し子になっていたら、どっちがいいか悪いかはさておき、松井秀喜の野球人生は大きく変わっていただろうね。

彼は性格がいいし、他人の意見にも素直に耳を傾けるから、どこへ行っても成功していたはずだ。ただ、巨人じゃなかったら、もしかしたらメジャーに行ってなかった可能性もあるし、ワールドシリーズでMVPを獲ることもなかったかもしれない。

今頃はヤクルトで監督かコーチでもしてるか、あるいは、まだ現役でホームランを打ち続けて、ワンちゃん（王貞治）の本塁打記録、868本を超えていたかもしれない。日本での最後の年（2002年）は、たしか50本打ったよな。少なくとも、俺の記録（657本）は抜いてたのと違うか。なので、こういった入団に関する「もしも」の話は、考え出したらキリがないな。

そもそも、俺自身がテスト生としてプロへ入ってるからね。高校を卒業するとき、どこからもスカウトが来なかったんで、野球部の部長の清水先生という人に旅費を借りて、京都から大阪まで電車に乗って、南海ホークスのテストを受けてきた。

しかも、本の中でも書いてるけど、ちょっとズルをしてなんとか合格できたくらいで、正直にやってたらテストに落ちて、野村克也という野球選手は生まれていなかった。京都のどこかの工場にでも就職してたのかな。当然、南海のプレーイングマネージャーにもなってないし、8年連続本塁打王にもなってない。パ・リーグの歴史もだいぶ変わってただろう。そう考えると、野球も人生も、つくづく紙一重だと思うよ。

入団に関する話だけじゃない。野球というスポーツは、たくさんの「もしも」でできている。「もしもあの試合で、あの選手がエラーしていなかったら」「もしもあそこで大けがをしていなければ」「もしもあの誤審がなければ」……。ほんのちょっとした運命のいたずらで、試合の結果は大きく変わり、それによって選手の人生が180度変わってしまうことだってある。

ワンちゃんが、荒川コーチと取り組んで生まれた一本足打法だって、いろんな偶然が重なって、奇跡に近い形で生まれたという見方もある。詳しくは本を読んでもらうとして、もしあの奇抜な打ち方が実現していなかったら、〝世界の王〟も誕生していなかっただろうね。ちょっとした「もしも」の偶然で、王貞治や野村克也は球界から姿を消していた可能性があるわけだ。

そんなわけで、企画を引き受けた当初は、正直、渋々なところもあったけど、やっていくうちに、いろんなことを思い出せたし、架空のドラマを妄想する作業は、それなりに楽しくもあった。読んでいただくとわかるけど、中には「風が吹けば桶屋が儲かる」みたいな話も、いくつかあることは認める。それもこれも、最初に言ったように、担当の編集者が「それでも大丈夫です！」とOKを出したんだからしょうがない。俺の責任じゃないんだよ。したがって、なにかご意見があれば、ワニブックスさんへ言ってほしい（笑）。間違っても、野村克也のほうへは言ってこないように。どうかそこだけはお願いしておきたい。

まあ、俺も今年（2019年）で84歳だよ。何を言ってもいいでしょ。許してください。「またノムさんがボヤいてるな」くらいの気持ちで、広い心で読んでもらいたいね。そしてそれにより、読んだ方々に、少し違った角度から野球というドラマをイメージしてもらう機会になれば、この本を作った意味もあるというもんだよ。

目次

第1章　投手編

もしも……

江川卓がドラフト指名された阪急に入団していたら山田久志と2大エース時代を築いていた

江川卓という投手は、天才と言い切れる数少ない選手の一人だった。ピッチャーというのは、技巧派でも本格派でも、基本はストレートなんだよ。江川は作新学院時代からスピードもコントロールも完成されていたし、このままプロで通用するだろうなと当時から見ていた。もしドラフトで南海に来たら、球を受けるのは俺だから、一体どんな球なんだろうとか、そんなことを想像したこともあった。真っすぐとカーブしか投げないみたいなんで、「俺だったら変化球をもう一つ覚えさせるのにな」とかね。なにしろ、規格外の才能を持った投手だったな。まさに「怪物」だった。球速も高校のときのほうが速かったんじゃないか。

だからこそ言うんだけど、高校を出てすぐプロへ行っておくべきだった。彼は197

3（昭和48）年のドラフトで阪急から1位指名されて、それを断るわけだけど、プロ入りしておくべきだったと思う。どうしても巨人に行きたかったんだろうけどね。今ならFAとかメジャー挑戦とか、パ・リーグも人気あるし、選択肢もいろいろあるけど、当時は「野球といったら巨人」という時代だったからな。

投手と捕手は高卒即プロ入りが理想

そもそも、俺が高卒だから言うわけじゃないんだが、プロを目指している人間が大学で野球をやるメリットって何かあるのかね。持論なんだけど、野手はともかく、ピッチャーとキャッチャーは、回り道しないでプロへ行ったほうがいいよ。プロを目指すならね。アマチュアへ行くと、それなりの野球を覚えちゃうんだよ。18歳から22歳くらいというと、一番吸収しやすい世代じゃない。そこで「プロじゃない野球」を覚えちゃうと、その後もずっと引きずるんだよ。

打撃面ならプロで矯正のしようもある。でも、ピッチャーとキャッチャーというのは野球の要でしょ。才能のある選手にとってはメリットが薄いんだよ。江川の場合も、大学時代の経験がすごく役に立ったかというと、そうでもないと思うよ。

アマチュア野球といえば、日本はおかしな決まりがあって、プロ野球出身者がアマに指導しちゃいけないじゃない。資格が必要なんだよな。それで先日（2019年6月5日）、殿堂入りしたプロ野球経験者だけを対象にした、「学生野球資格回復研修特例」というのを受けてきた。俺以外には、杉下（茂）さん、堀内（恒夫）、福本（豊）、門田（博光）も一緒だった。みんな年をとったよ。

一時期よりは、プロアマの垣根も低くなりつつあるみたいだけど、関係者はもっと広い心で、野球界全体が発展するように考えていってほしいね。

山田久志を軸に、江川卓と山口高志の剛速球コンビ

話を江川に戻すんだけど、彼が73年の1回目のドラフトで入団していたら、阪急の歴史も、パ・リーグの歴史も変わっていただろうな。当時の阪急の投手陣というと、山田

久志が20勝を重ねて、最多勝を続けて獲り、足立（光宏）に代わる新しいエースに台頭しつつあった時期。75（昭和50）年からは12年、開幕投手をやってる。

それと、75年は山口高志が入団して新人王になる年。あれは背が低いのにとんでもない球を投げてた。27年間の現役生活で、ストレートの速さでいえば山口が1位。「ズドーン」と飛んでくる感じというよりは、「ぴゅっ！」というイメージだな。

カネやん（金田正一）も速かったけど、彼のはなんとか当たる。でも山口の球は、ボールの軌道上にバットを出してるつもりなのに、球の下を振っててんだよ。そして目線の高さでミットに消えていく。配球なんて9割が真っすぐだから、わかってるのに当たらない。バットを短く持ってくらいついて、ようやくカスる。それくらい速かった。

山田という絶対エースを中心に、山口と江川という日本を代表する若い速球派が並ぶというのは、実現していれば、これはもう球界ナンバーワンの投手陣だったかもしれない。ただ、山口に関しては、先発として輝いていたのは入団から2年くらいでね。途中からリリーフに回って、最優秀救援投手のタイトルを1回獲るんだけど、あとは腰の故障に泣かされた。全盛期は4年くらいなんだよな。

そういう意味では「もし江川が入っていたら、山口の抜けた先発の穴を埋められたのに」という考え方もできるな。山口という天才的な速球投手が抜けてもビクともしない投手陣、「山田・江川」の二枚看板時代が、10年以上は続いた可能性はある。山田と江川で、パ・リーグの最多勝を毎年競うような形になっていたかもしれないよ。

それと、山口は3年目から先発をやったり抑えをやったりと、酷使されすぎていたという声もある。山口自身が引退後に「上田（利治）さんの起用法では長持ちしない」というようなことをどっかで答えている。上田さんと山口は関西大の先輩・後輩なんだが、使われすぎというチームメートの声も聞いたことがある。

もっとも、山口の腰のケガは、オフにゴルフでやったもので、投げすぎによるものじゃないらしいけど、それでも江川がそのとき阪急にいれば、山口の負担も減らすことができて、もう少し長く現役を続けていられたという見方はできるかもしれないな。

江川が高校からプロ入りしていたら250勝していた

阪急というチームは、山口が入団した75年から、3年連続日本一（4年連続リーグ優勝）になるんだけど、江川が74（昭和49）年から加わって、最強の投手陣が完成されていたら、シリーズ制覇も5年、6年と続いて、パ・リーグの歴史もだいぶ変わっていたという可能性はある。

江川が高卒でプロ入りしていたら、年間16～18勝くらいとして、少なく見積もっても5年で80勝くらい。１３５勝で引退したから、単純計算で２００勝はいってたわな。評論家の中には「２５０勝はいってた」というのもいたからな。江川自身も引退会見で言ってたけど、あの天才の成績としては１３５勝というのはさびしい。結局、現役生活は9年か。俺の27年と比べてもしかたないけど、上原（浩治＝２０１９年5月に引退表明）だって21年（日米通算）だろ。江川も肩を壊したんでしかたないとはいえ、15年はできただろ。やっぱり、高校から行っとくべきだったよ。

そういえば、75年に、俺はもう40歳だったけど、ホームランを28本、打点も92をあげたんだが、江川が阪急へ入っていたら2年目だったわけだ。俺とも対戦していただろうし、そしたらホームランも3本くらい減っていたかもしれないな（笑）

もしも……

高津臣吾に「遅いシンカー」を教えていなければ286セーブもメジャー成功もなかった

高津臣吾というピッチャーは、1990（平成2）年のドラフトで3位指名して獲得したんだけど、本人は当初、社会人野球に行くつもりで、地元企業へ内定していたらしい。それに、広島出身でカープファンだったから、プロに行くのならカープに入りたかったんだろうけど、向こうからは声がかからなかった。ま、縁がなかったんだな。

うち（ヤクルト）は、亜細亜大の小池秀郎（投手）を獲りたくて、スカウトが視察に行ってみたら、同期に高津という、サイドスローでちょっと変わったのがいるというんだ。当日は1位に小池を指名したんだけど、8球団の競合になって、うちはくじで負けてしまった。それで1位に岡林洋一、2位に小坂勝仁、3位が高津という形で、上位3人を投手でいったわけだ。

高津は先発として入団して、2年投げさせたんだけどピリッとしなくて。3年目から抑えに転向させたんだよ。普通、抑えというと速い球でズバッと三振を取るイメージがあるでしょ。でも高津はそういうタイプじゃない。だから本人もびっくりしてたと思うよ。ヘッドコーチだった丸山完二が、「高津を抑えにしようと決めたのは野村さん」「自分はそんなこと思いもつかなかった」と最近どこかで言ってたようだけど、俺としては球種をもう一つ覚えればいけるんじゃないかと思ってたんだよ。

高津は右のサイドスローで、当時からシンカーは投げていた。シュート気味に曲がりながら沈んでいく球だな。ただ、左バッターからはカモにされていたんだ。本人も左に対する苦手意識はそうとう強かったと思う。

西武の潮崎の真似をして左打者対策

それである日、高津に「左打者対策を考えろ」と言ったんだ。そもそも、ピッチングの基本が何かというと、外と内の横の揺さぶり、高低の縦の揺さぶり、そして緩急の揺さぶりがあるわけだ。これをいろいろ組み合わせて打者を打ちとるわけだよ。でも、球速を今よりあげろと言っても無理だから、今投げてるシンカーより遅いバージョンのシンカーを覚えて、混ぜていったらどうだと。

参考にしたのは西武の潮崎（哲也）なんだよ。同じ右投げで、当時から「シンカーといえば潮崎」だったでしょ。120キロ台と100キロ以下くらいのを投げわけていた。実際、前年の日本シリーズで、うち（ヤクルト）の左打者がことごとくこの球で打ちとられてるんだ。それが強烈に印象に残っていてね。

それで、高津の3年目のキャンプのときに、「あれを真似してみろ」と言ったら、「はぁ」とか言って、頭ひねってるんで、「それやらないと先発もリリーフもできんぞ」と言ってやったんだ。「わかりました」って、なんとかやりはじめたんだけどね。

フォークの握りで〝魔球〟の開発に成功

そしたら、しばらくして「うまくできない」と言ってきた。ビデオで潮崎の握りを研究したら、球が薬指と小指のあたりから抜けていってるというんだ。チェンジアップの握り方（サークルチェンジ）があるでしょ。ちょうどあんな感じだな。高津にはその握りが合わないのか、うまくいかないと言う。そうしたら「フォークの握りでもいいですか」と聞くんで、なんでもいいよと。要は、緩くて落ちる球になればいいんだからさ。そしたらそれがうまくいった。だから、高津の「遅いシンカー」というのは、フォークっぽい握りでシュート気味に落としている球ということだ。それを覚えてからは左への苦手意識も消えて、むしろ「左バッターいらっしゃい」状態になっちゃった。

左対策ができたおかげで、この年（1993年）の高津は、球団記録を塗り替える20セーブを記録して、リーグも優勝したし、日本シリーズでも3セーブをあげて胴上げ投手にもなった。教えておいてなんだけど、えらい変わるもんだなと思ったよ。

そういえば、93年というと、巨人の松井（秀喜）がデビューした年なんだけど、高津はこの松井もシーズンを通してわりと抑えているんだよ。5月2日にプロ入り初ホームランを打たれたのが高津なんで、しかもスタンド中段に突き刺さる弾丸ライナーだったでしょ。どうしてもその印象が強いんだけど、後続は抑えて試合はうちが勝ってるし、高津が初セーブを記録したのもあの試合だからね。

まあ、あのときは、松井がインコースを打てるのかということと、高津の真っすぐが高卒ルーキーに通用するのか、この2つを探る目的もあってね。

前日の試合で、松井は西村（龍次）の外角寄りのストレートを、フェンス直撃の二塁打にして初安打を記録していたから、外を打てるってことはわかってた。だからあとは内角だよ。この日も試合前のミーティングで、松井に対しては内角攻めを徹底するように伝えていた。

韓国や台湾でも投げ続けた高津

高津自身は、シンカーでなら抑えられる自信はあったと思うんだけど、そういうわけで俺は、古田（敦也）に真っすぐを投げさせるように指示していた。

それでベンチから見てたら、高津がサインに何度も首を振ってるんだよ。真っすぐは嫌だって。でも古田がサインを全然変えないんで、高津とすれば泣く泣く投げたストレートを打たれたことになるね。そういう意味じゃかわいそうなことをしたけど、まあそれによって、3年目の高津は松井秀喜という打者の実力と、自分の真っすぐの力を肌で知ったわけだから。そういうことを教えていくのも監督の仕事なんだよ。

いずれにしても、高津のその後の成功は、「遅いシンカー」を覚えたからこそ。あの球がなかったら、プロで成功することは難しかっただろうし、通算で286セーブも記録していなかっただろう。あの記録は歴代2位らしいから、新球を覚えたことで日本の球史も変わったんだよ。メジャーへ行くこともなかったんじゃないか。

最後は韓国（ウリ・ヒーローズ）と台湾（興農ブルズ）でもプレーしたっていうんだろ。まあ、随分と野球が好きな選手だったことは確かだな。なんにしても、彼の長い長い野球人生は、手前味噌と言われてもいいけど、俺が彼をクローザーに転向させ、遅いシンカーを覚えさせたからだと言っていいと思うよ。

もしも……

山内新一が巨人から南海に移籍していなければ311試合連続先発記録は生まれていなかった

山内新一は1967（昭和42）年に社会人野球からドラフト2位で巨人に入り、先発投手として期待されたんだが、巨人に在籍した5年間で14勝しかできなかった。完投もゼロ。特に最後の4年目は、肘を痛めて11登板で0勝1敗。風前の灯火だったんだ。数字だけで見ればね。

でも、肘さえよくなれば、考え方次第でいけると思っていたので、72（昭和48）年のオフにトレードで獲ったんだ。当時は巨人から南海への移籍なんていうと、〝都落ち〟のイメージが強かったからね。山内自身も、これでダメなら引退という覚悟でうちへ来たわけだよ。

そのときの山内は、自信をなくしていたというか、委縮していたような感じがあった。

巨人では、一度失敗したらファームに落とされるという恐怖心も強かったんだろ。俺は監督であると同時に、彼の球を受ける捕手でもあったから、「お前は10勝できる力があるから大丈夫だ。打たれても、逃げなきゃチャンスはやるから、自信もって投げろ」と言ってね。そのうえで考え方も変えさせた。お前は三振をバンバンとって勝つタイプじゃない。まずは己を知れと。

選手はどうしても、打者ならホームラン、投手なら三振を欲しがるけど、全員がそこに向いているわけじゃない。巨人のV9時代だって、王や長嶋ばかりじゃない、土井（正三）や黒江（透修）みたいなタイプもいたわけだよ。

勝手に曲がってしまうクセ球を武器にする

山内は巨人時代、コントロールがあまりよくなくて、力で抑え込もうとして、甘いところへ投げて打たれたりしていた。だから、制球力と緩急のコンビネーションで抑える投球術を身につけろと、そのタイプの投手なんだと最初に伝えたんだよ。で、何を武器にするかとなったとき、見ていてスライダーがおもしろいと思った。いや、本人は真っすぐ投げているつもりなんだけど、スライダー気味に曲がっちゃうんだな。ナチュラルスライダーというやつだ。だから、「それ、いいじゃないか」と。

そしたら、巨人ではそれを直させられたっていうんだよ。ストレートはとにかく真っすぐ放れ、癖を直せと、コーチから言われていたらしい。それで本人もそれを欠点だと思って悩んでたんだな。

だから「欠点じゃないだろ、長所にしたらいいやないか。真っすぐ投げて勝手に曲がってくれるんだから、こんないいことないだろ。直す必要あるかい。お前の武器やないか」と言ったんだよ。今のメジャーもそうでしょ。日本の野球ほどきれいな真っすぐにこだわらない。ストレートといったって、完全な真っすぐを投げる投手ばかりじゃないからね。動くというか、ナチュラルに曲がってるでしょ。ツーシームだともっと動くしね。それが打者にしたら打ちにくいんだから。

だから、そのナチュラルなシュートとスライダーのコンビネーションで配球を組んだりね。あとは、さっき言ったように、コントロールに難があったんで、とりあえずバックスイングを小さくさせて、フォロースルーのほうを大きくするようなフォームにさせたら、制球もグッとよくなった。

そしたらどんどん勝ち星あげて、6月6日には早くも10勝をあげよった。たしかに「10勝できる」と俺は言ったけどさ、開幕から2カ月も経ってないんだよ。その試合、ゲームセットのときにバッテリーだから握手をするんだけど、「えらい早いやないか」と言ったのを覚えてるよ。

内野ゴロも三振も同じ1アウト

そしたらある日、山内がどっかの記者から「三振が少ない」と言われたっていうんだ。「勝ったはいいけど三振が3つしかない」って。だから、そんなもん無視しとけと。あいつら野球わかってないんだから、気にする必要ないと言ったんだよ。三振だろうが内野ゴロだろうが同じ1アウトやろ、何が悪いんだ、胸を張っとけ。三振だとアウト一つとるのに3球要るけど、ゴロなら1球やないかと。

それこそ、今のメジャーだったら、球数を増やさないためには、三振よりも内野ゴロのほうが合理的だという考え方が一般的らしいじゃない。でも、当時の者はそんなこと知る由もないからさ。昔のカネやんとか稲尾みたいに、豪速球で三振の山を築くのが王道で、それこそが理想的なエースであるという考えに縛られていたんだろ。マスコミもそんなレベルだったんだよ。だからそんなもんに耳を貸すなと、アホらしいから無視しとけと。それでそのままの調子で投げさせたんだ。

5年で14勝から1年で20勝へ

あの年（73年）は、パ・リーグに前期後期制度が導入された年で、前期の南海は2位につけて、首位ロッテを追っていた。そして6月13日に近鉄戦があって、うちも点がほとんど取れなかったんだけど、山内が8回2死までノーヒットで踏ん張ってくれてね。結局、1—0で勝って首位に立ち、そのままの勢いで前期優勝を果たすことができた。あの日の山内のピッチングは圧巻だった。

プレーオフは阪急に勝ってリーグ優勝。その年の山内の成績は、最多勝に1勝だけ届かなかったものの、20勝8敗。防御率は3・30、完投14、完封4。立派なエースといえる数字だよ。

なんといっても、巨人では5年で14勝だからね、しつこいようだけど。以後、11年間の南海在籍中だけで、6度の開幕投手、8度の二桁勝利（5年連続含む）、勝ち星121というすばらしい成績を彼は残した。最後の2年は阪神へ移籍し、生涯成績は143勝。阪神では抑えに回ったこともあって200勝まではいけなかったけど、デビュー5年まであれほど低迷しながら、最後は名球会をイメージできる数字を残せたのは立派だと思う。ちなみに143勝という数字、歴代の順位では51位で、50位は星野仙一の146勝、槙原寛己が159勝で48位なんだよ。そうそうたる顔ぶれの中で、山内も十分に歴史に名を刻んだと言えるだろ。

そしてなにより、連続試合先発登板311という記録だよ。これはNPB記録の中でも飛びぬけた形での1位なんだ。王の868本塁打やイチローの4367安打（日米通算）と同じように、山内のこの数字が破られることも今後ないだろうね。

もしも……

甲子園のエース・柴田勲がピッチャーとして成功していたら日本にスイッチヒッターは誕生していなかった

巨人のV9時代に、赤い手袋のリードオフマンとしてファンを沸かせたのが柴田勲だ。見た目もシュッとして足も速く、いかにも巨人の一番バッターという雰囲気だった。女にもモテたらしく「銀座の帝王」なんて呼ばれていたな。当時、人気のあった女性歌手と噂になってて、俺も柴田の打席では、囁き戦術でその人の歌を小さい声で歌ったりしたもんだよ。

柴田は日本初のスイッチヒッターとして、1980（昭和55）年には2000安打を達成しているし（通算2018安打）、579盗塁で盗塁王6度というのも立派な数字だ。王や長嶋と並んで巨人を象徴する選手の一人ではあったな。

その柴田だが、高校時代（法政大学第二高校）は、60（昭和35）年の夏と61（昭和

36）年春のセンバツを連覇したときのエースで、翌62（昭和37）に甲子園優勝投手として鳴り物入りで巨人に入団している。
高卒ルーキーながら1年目から一軍に抜擢され、オープン戦で3勝。いきなり開幕2戦目の阪神戦で先発をまかされる。ところが、この試合でホームランを3本打たれて5回途中に降板し、負け投手になっている。

次にチャンスが回ってきたのは、3カ月後の7月の中日戦。こんどはさらに内容が悪く、2回6失点と打ち込まれた。結局、この年は6試合だけ投げて（先発が3試合）0勝2敗。甲子園のエースもプロでは通用しなかったわけだ。

そこで翌63（昭和38）年から打者へ転向し、左打ちも練習して、スイッチヒッターとしてすぐにレギュラーの座を獲得し、走る方でもいきなり43盗塁を記録して、俊足好打のイメージを定着させた。

今思い返しても、当時の一番・柴田、二番・土井（正三）のコンビは理想的だったな。柴田は出塁率が高くて、盗塁もできる。その後を打つ土井は、バントやエンドランのような小技に長けていた。対戦チームとしたら実に嫌な一、二番だよ。

もし柴田がピッチャーとして成功していたら、それも大成功とまでいかなくても、鳴かず飛ばずで4、5年くらい投げていたら、柴田は打者に転向していなかっただろう。実際、柴田は2000本安打を打ったときに、「もし巨人に入っていなかったらバッターには転向していない。仮にしたとしても5年目くらい」と言っている。巨人に行っていなかったら、5年くらいピッチャーで悪あがきして、引退してたかもな。

巨人では、川上監督が早くから見切りをつけ、打者への転向をうながしたことで、後の柴田の野球人生が決まったわけだ。おそらく、川上さんは最初から打者として獲ったんだと思う。投手として通用しないということをわからせるために、1年を費やしたのだと俺は思っている。開幕2試合目という大事な場面にぶつけるのもすごい話だが、それで柴田はあきらめられたという部分はあるだろう。

それと、巨人は当時、牧野ヘッドコーチが「ドジャース戦法」という、いわゆるスモールベースボールを掲げていて、1番に足が速い選手で、2番はバントやエンドランのような細かいプレーという、まさに柴田と土井のようなスタイルを作りたかった。その意味でも打者・柴田はどうしても必要だったんだろう。必然だったんだな。

最初からピッチャーとして期待されていなかった

実は柴田自身も、どうやら入団当初から、チームが自分を打者に転向させようとしていた気配があったと後に言ってるんだ。柴田が高校3年のとき、グラウンドで練習をしていたら、巨人の投手コーチだった別所（毅彦）さんが見に来たというんだ。それで、柴田がバッティング練習をしたあとに張り切ってピッチングをしようとしたら、別所さんはいなくなってた。バッティングだけ見て帰っちゃったんだ。あとでわかったことは、別所さんは「あいつはバッティングがいい」って川上監督に伝えていたというんだよな。

それと、これは俺も聞いて驚いたんだけど、柴田がオープン戦で3勝し、開幕までいよいよ1週間前というときに、別所さんに呼ばれ「プロのピッチャーはみっちり投げ込んで肩を作らないとダメだ」と言われて、300球を2日間も投げ込まされたというんだ。

今までそんなに投げたことないから、柴田は肩が上がらなくなってしまい、そのままの状態で先発して打ち込まれたという。「今思えば、あの投げ込みもバッターに転向させるための策略だったのだと思う」って柴田はどこかの取材で言ってるんだ。今だったらけっこうな問題になってるだろうな（笑）。

ただまあ、本人も転向してよかったという意味でそう答えているんだよ。俺も柴田はピッチャーとしては通用しなかったと思っている。オープン戦で３つ勝っても参考にならんよ。だいたい柴田は体が小さいだろ。公称１７５センチってなってるけど、もっと小さいのと違うか。小さい大投手はいないんだよ。バッターになって正解だ。３００球の投げ込みというのはどうかと思うけど、打撃センスを見抜いてもらったことは、柴田にとって幸運なことだった。

松井稼頭央や松永浩美もスイッチになっていたかどうか

柴田がバッターになっていなかったらということは、当然ながら、スイッチヒッターも生まれていなかったということだ。もちろん、柴田がやらなくても、誰かがいつかはやっていたという見方もあるが、それが一体いつになっていたかはわからない。こういったものは、パイオニアが一人出ることでひな型となり、急速に歴史が動くもので、逆にいえばその一人がいないと何十年も変わらないことも多いんだよ。

野茂が95（平成7）年にメジャーに挑戦していなかったら、もしかしたら今だって日本人メジャーリーガーは出ていないかもしれないし、ダルビッシュだって大谷だって、日本でやっていたかもしれない。「たられば」を繰り返してもしょうがないけど、それを言ったらこの本が成立しないからな（笑）。まあ、その後の松永浩美や松井稼頭央も、スイッチにはなってなかった可能性もあるということだよ。

ただ、一つ言わせてもらうと、スイッチヒッターなんて本当に必要なのかなと俺は思ってるけどな。右打ちのバッターが左打席に変えてまで、右ピッチャー対策をするという意味がよくわからんのだよ。左投手に対する左打者もそう。

俺は右打席で右ピッチャーをずっと打ってきたし、王だって左打ちだけど左ピッチャーをまったく苦にしていなかった。打てる、打てないは打席の問題じゃないだろ。二兎を追うものは一兎も得ずだよ。

もしも……

「ぶつけたらゴメン」と開き直れていなかったら上原浩治は44歳まで投げていなかった

巨人の上原（浩治）が引退を表明した。いいピッチャーだったのに、残念だよ。入団した年（1999年）にいきなり20勝したのをよく覚えてる。

メジャーでも成功したし、ワールドシリーズで胴上げ投手にもなった。日本に戻ってきて、「100勝、100ホールド、100セーブ」の「トリプル100」（日米通算）も達成したしな。レジェンドと呼べる一人と言っていいと思うよ。

長いこと上原の投球は見てきたけど、40過ぎても投げっぷりがよかったよね。打てるもんなら打ってみろって、闘争心むき出しにして投げてたから、バッターは気持ちで負けてる感じがあったよ。それと、上原は抑えたあとに、ベンチへ戻ってハイタッチするでしょ。メジャーのスタイルなんだろうけど、あれもよかったね。ベンチの雰囲気がグッと盛り上がる。ああいうの大事なんだよ。

俺は99（平成11）年から3年間、阪神の監督をして、上原とは何度も対戦したけど、阪神が3年続けて最下位になったこともあって、いい思い出はあんまりないんだよな。上原の初登板は4月4日の（東京）ドームでの阪神戦なんだけど、このときは、うち（阪神）が4回に集中打を浴びせて勝たせてもらったし、次の5月の試合でもやっぱりうちが勝ったんだけど、その後くらいからは、だいぶやられたな。俺が阪神で指揮をとった3年で10勝くらいされているはずだよ。

とにかくコントロールがよかった。1年目でいうと、197イニング投げて四死球が28だから、おそるべしだわな。いつも言ってるけど、ピッチャーの生命線は外角低めの直球の制球力なんだよ。これを「原点能力」と俺は言っている。どんなバッターも初球から難しい球に手を出すことはなくて、好きな球を狙ってる。そこへ外角低めに簡単にストライクを一つとれれば、そこから有利に組み立てて投げられるだろ。そもそも、外角低めなんて打たれてもなかなかヒットにならんしな。

上原が真っすぐとフォークだけで勝てたのは、とにもかくにも、この原点能力が高かったから。しかも、上原は内角高めへの制球力もよかったでしょ。つまり、外角低めへの直球とフォーク、これを生かすためのインハイ真っすぐ。これがすべてだよね。

上原にとってインコースの制球は生命線だった

いつだったか、上原が何かの番組で、インコースに投げるときは「いつも『ぶつけたらゴメンナサイ』と思って投げている」と言っていたんだよ。印象に残っていたので、彼と会ったときに「あれどういう意味なの」って聞いたら、「インコースに投げるのは常に怖いので、ぶつけたらゴメンくらいに開き直らないと投げられない」と彼は答えたんだ。ああ、よくわかってるなと思ったよ。

ピッチャーにとってインコースの使い方は一番難しいんだ。インコースはストライクを投げちゃダメなの。基本、ボール球。甘く入ったら全部ホームランだから。だからこそ「当たったらゴメン」くらいの気持ちで厳しく攻めないとならない。逆にバッターからすると、ボール気味のインコースは、手が出やすいうえに、打ってもヒットにならない。内野ゴロかファウルでしょ。あんなのホームランにできるのは落合くらいでさ。

真っすぐと落ちる球しか投げなかった上原にとって、インコースはまさに生命線だったわけだ。もちろん、本気でぶつけるつもりじゃなくて、もしかしたらコントロールが狂ってぶつかっちゃうかもしれないけど、そのギリギリを攻めないといけないから「当たったらゴメン」くらいの気持ちだよな。その覚悟がなければ投げられないということだよ。実際、上原は毎年、キャンプでインハイに投げ込む練習を、そうとうやったと言ってた。それがあっての「ぶつけたらゴメン」だから。俺も自分とこのピッチャーに「上原を見習え」ってどれだけ言ったかわからないよ。

上原が引退を表明した後、彼とテレビ番組で話す機会があったんだけど、長男が野球をやりたいって言ってるらしい。聞いたら左利きだってんだよ。上原は右利きだけど、奥さんが左なんだそうだ。だからいいじゃないかと言ったんだよ。野球やるなら左利きは有利だからな。それに、奥さんも運動が得意だったらしいし、男の子はお母さんに似るっていうから、きっといい野球選手になるだろ。上原には、自分の会得した投球術を、子どもやこれからの選手に伝えていってほしいと思っているよ。

第2章　捕手編

もしも……

入団テストで「ズル」をしていなかったら野村克也はプロ野球選手になれていなかった

思えば長い野球人生だったけど、子どもの頃は流行歌手になりたかったんだよ。中学でも野球部じゃなくてコーラス部に入ってたしな。美空ひばりが大人気だった。ただ、途中からあきらめて、次は映画俳優になりたいと思いはじめた。家が貧しくて映画館へ入る金もなかったけど、当時の館長さんがいい人でね、行くと内緒で入れてくれるんだよ。それで佐田啓二とか阪東妻三郎の作品を見るんだけど、「役者ってのはこんなに二枚目じゃないとダメなのか」と思い、俺には無理かなと、これも結局はあきらめた。

中学2年のとき、ようやく野球部に入部して、当時は同級生の中では体も大きいほうだったし、すぐに4番キャッチャーでレギュラーになったら、そこそこ活躍するようになった。プロを意識しはじめたのもこの頃だよ。

高校でも野球は続けたけど、これが一回戦敗退の常連校で、野球部も廃部寸前だった。甲子園なんて夢のまた夢。長嶋や王の華々しい高校生活とは雲泥の差だよ。当然、どこのプロ球団からも声がかからなかった。そうしたら、部長の清水先生がいい人で、「おまえ、どこへ行きたい。推薦状を書いてやる」と言う。清水先生は、いろいろあって部の部長をしてくれてたけど、もともと野球に全然詳しくない人でね。俺のことをすごい選手だと思ってた（笑）。それであきらめきれなかったんだと思う。

実際、そのときの推薦状の文面を、清水先生が後に、ご自身の本（『ホームラン・350本：ある高校教師の記録』）の中で書いているんだけど、次のようなものだった。

「私どもの学校に野村克也というものがおります。わたしは素人なのでよくわかりませんが、みなさまに良い評価をいただいております。一度、試合をご観戦いただきたく存じます」

自分ではっきり「素人」と言いきってるからすごいよな。でもそれで俺の運命が変わるんだよ。清水先生には感謝しかない。

本音をいえば巨人に行きたかった

当時、とにかくわが家は貧しくて、高校だって本当は行ける状態じゃなく、それどころか、丁稚奉公に行くことが決まっていたくらいなんだけど、兄が大学進学を断念してくれてね。「お前は野球を続けろ」と言って就職してくれたから通えた。だから、早く高給取りになって母親に楽をさせたかったんだよ。

本当を言うと巨人に行きたかった。俺は子どもの頃から熱狂的な巨人ファンだったからな。子どもの頃は、赤バットの川上さんや、青バットの大下（弘）さんにも憧れたもんだ。ただ、俺が高校を卒業した年に、巨人は藤尾茂さんという兵庫県の鳴尾高で活躍した捕手を獲得したんだよ。春の選抜でベストナインに選出されるようなスター選手だった。捕手というポジションは基本的に1人しか出られない。もし巨人に行けても、俺は藤尾さんには絶対勝てないと思った。

それで、巨人はあきらめ、レギュラーの座が一番早く空きそうなチームはどこかと考えて、当時の選手たちをいろいろ調べたら、南海と広島のキャッチャーが30歳前後だったことがわかった。当時の選手寿命は30代半ばくらいだったから、あと数年でポジションに空きができる可能性が高いわけだ。

それに、南海は若手の育成も上手だと聞いていた。それで南海だなと。加えて在阪の2チームも加えて、阪神と阪急と南海に推薦状を書いてもらった。そう考えると、当時から俺には、何かするときにいちいち分析する癖があったんだろうな。

推薦状に反応を示してくれたのは南海の鶴岡一人監督で、鶴岡さんは西京極球場で行われた試合を見に来てくれた。今だったらスカウトが来るところなんだろうけど、当時の南海は鶴岡さんが一人で仕切っていた時代だった。編成から何から、鶴岡さんが全権委任されていてすべてを決めていた。でも、俺の入団に関しては、それが結果的によかったのかもしれない。

俺はその日、ランニングホームランを打つことができ、「南海ホークス新人募集」の新聞広告を見つけ、部長の清水先生に受けてみたいと言うと、「行ってこい。お前ならひょっとするぞ」と。それで、清水先生から大阪までの旅費を借りてテストを受けに行った。

テストには300人くらい来てたかな。「打撃」「走塁」「遠投」の3つに分かれていて、打つのと走るのは問題なかったんだが、遠投が届かない。ラインが引いてあって、そこからバックネットへ向かって投げるんだけど、1投目が届かなかった。それぐらい、俺は肩が弱かった。キャッチャーなのにな。

5メートルも前から投げた遠投テスト

なにしろ、ちゃんとした球の握り方も知らなかった。京都の田舎なんで誰も教えてくれない。その頃はツーシームの握りでやっていて、投げるとシュートやスライダー回転をしてしまう。あとでプロへ入ってから「お前それ違うぞ」って、フォーシームの握りを初めて覚えたんだけどな。そんな調子だった。

それで、届かんから弱ったなと思っていたら、遠投テストのチェック係をしていた2軍の河知さんという人が、何を思ったかスーッと近づいて来る。何しに来たんやと思ったら、小さい声で「おい、前行け」って。「ライン越えて投げろ」と。田舎から出てきたテスト生がかわいそうだから、見て見ぬふりをしてくれたというくらいの軽い気持ちだったんだろ。で、5メートルくらい前から投げて、なんとか合格することができた。あの「ズル」がその後の野球人生のはじまりだったわけだ。

とにかく、テストが無事に終わってホッとした。その後で契約手続きをするんだけど、待合室の食堂に連れていかれて、好きなものを食べていいと言われたので、カレーを食べたのを覚えてる。それまで肉というものをほとんど食べたことがなかったので、世の中にはこんなうまいもんがあるのかと感動してね、3杯食ったよ。

そんなこんなで、京都の無名の高校生が、かろうじてテスト生としてプロへ入ったわけだが、もし兄が俺を高校へ進学させてくれなかったら、もし清水先生が推薦状を書いてくれなかったら、新聞広告を見つけていなかったら、そして河知さんが「ズル」をしてくれなかったら、野村克也という選手は生まれていないし、その後の監督人生もなかった。日本の野球の景色も多少は変わったものになっていただろ。

もしも……

「南海電鉄に飛び込みます！」と球団を脅していなかったら野村克也は1年でクビになっていた

そういうわけで、「ズル」をしてなんとかテスト生として南海へ入ることができた。

1954（昭和29）年のことだ。契約金はゼロ。ただ、球団職員が出してきた契約書を見たら、給料が「八万四千円」と書いてある。大卒の国家公務員の初任給が8700円だったから、ほぼ10倍だな。これはすごい、さすがプロだ、夢がある世界だと思ったよ。

これで母親に楽をさせてあげられる……そう思って契約書をよく読むと、金額を「年12回に分けて支払う」とある。つまり8万4000円は「月給」じゃなくて「年俸」だったんだな。12で割ったら月7000円だ。一般サラリーマンより安い給料ということだ。しかも、そこから寮費として3000円が引かれ、バットやグローブも自前だった。寮の食事だって粗末なもんで、米だけは丼で食い放題だけど、おかずは漬物くらいであとは味噌汁。これで練習ができるかと思ったよ。今じゃ考えられないけど、ユニフォームも先輩たちのおさがりでサイズも合ってない。昭和29年の南海はそんなところだった。ちなみに、日本で初めての1億円プレーヤーは落合博満ということになってるけど、プレーイングマネージャーということでよければ、最初に1億稼いだのは俺なんだよ。兼任監督としてリーグ優勝した73（昭和48）年だったと思う。あの頃は長嶋が年俸日本一と報じられてたんだけど、本当は俺だったんだ。現金支給だった時代に、ほかの選手に目立たないよう、小切手でもらったのを覚えているよ。

とはいえ、そんな身分になれるのはまだ遠い先。早くレギュラーになって稼ぐしかない。ところがある日、おかしなことに気づいた。テストに合格したのは俺も含めて7人だったんだけど、そのうち4人がキャッチャーなんだ。しかも4人とも地方出身者。これは変だと思い、ある日、二軍のキャプテンに聞いてみたら、お前たちは〝カベ〟として採用されたと言いにくそうに教えてくれた。〝カベ〟というのはブルペンキャッチャーのこと。なんのことはない、われわれは戦力として期待されて入ったわけじゃなく、ピッチャーの投球練習の相手として、月7000円で雇われただけだったんだな。

それで、そんな地味な仕事は都会出身の子は嫌がるから、右も左もわからない地方から来た俺たちが、4人も選ばれたというわけだ。騙されたようなもんだよ。

しかも、ブルペンキャッチャーから一軍へ上がれた選手なんて今までいないっていうんだ。愕然としたね。京都へ帰って仕事を探そうかと本気で思ったよ。ただ、気を取り直して「なんとか3年やってみるか」と。それでダメならあきらめるしかないと考え直した。ところが使ってもらえないんだよ。特にキャッチャーとしてね。

〝カベ〟として一軍に帯同するんだけど、たまに代打要因が足りないようなときに、「おまえ、行って三振してこい」とか言われて出たりするくらいで。当時は登録制度がなかったからな。おおらかな野球だったわけだけど、打撃練習もしないで打てるわけがない。その年は11打数0安打5三振。出場試合は9試合。まあ、散々だった。

1年目のオフに解雇通告

さあ、2年目頑張るしかないと思った矢先だよ、1年目のオフにクビを言い渡された。

球団に呼ばれて行ってみたら、「お前はもうプロでは無理だ。再就職は早いほうがいいから、田舎へ戻ってやり直せ」と言うんだ。猛抗議したよ。まだプロで何もやってないじゃないかと、だいたい二軍の試合にも出してくれないじゃないかと。給料なんていらんから、あと1年いさせてくれと。せめて1回でいいからキャッチャーとしてチャンスをください、それでダメならあきらめますと、わんわん泣きながら言ったわけだよ。京都を出るときに、万歳三唱で送ってもらっていたからね、おめおめと帰れんだろ、いくらなんでも。ご近所にも母親にも合わせる顔がない。

それでも球団側は「わしらプロだからわかる。お前は無理だ」の一点張り。だから俺も「どうしてもクビなら南海電鉄に飛び込みます！」って言ってしまったんだ。今思えばめちゃくちゃなんだけどな。必死だった。そしたら向こうも、こりゃ何言っても無駄だと思ったんだろうな。とうとう折れて、なんとか1年の契約延長ということになった。首の皮一枚で残れたわけだ。あのとき、あそこまで抵抗しないで、すんなりクビを受け入れていたら、京都へ戻ってどこかの小さな会社にでも就職していたのかもしれないな。今さらだけど、人生というのは紙一重の世界だと思うよ。

もしも……

野村克也がいなければ、岡村浩二はパ・リーグ1の捕手になっていた

よく「ノムさんはいつもボヤキばかりで、人を褒めない」と言う人がいるんだけど、そんなことない。俺だっていい選手は褒めているよ。この本でだっていいこといっぱい言ってるだろ。

現役時代に「こいつはいい捕手だな」と思ったのが、岡村浩二。彼とは同じキャッチャーとして、よく知恵比べをしたりして競ったもんだよ。

1961（昭和36）年に、立教大学を中退して阪急に入団するんだけど、その年のオフにメジャーに挑戦するつもりだったとか、本人がどこかで言ってたようだな。どこまで本気なのかわからんけど。

観察眼が鋭くて、常に頭を使って配球を考えてた選手だったが、性格は豪放磊落とい

うか、闘争心の塊みたいな男でな。ブロックが得意なのが有名で、本塁に突っ込んでくるランナーをいつも体で完璧に止めてた。本人はそのブロックを「皆殺し」なんて呼んでたらしい。性格的にはキャッチャーより、自己アピールが強くて、どっちかというとピッチャー寄りだったな。そこは俺とは違うところだ。

俺は56（昭和31）年から13年連続でベストナインに選ばれたんだが、その記録を止めたのが、69（昭和44）年の岡村だよ。この年、俺はケガをして106試合の出場にとどまり、連続本塁打王の記録も、連続オールスター出場の記録もストップしてしまってね。で、ベストナインも岡村に持ってかれてしまった。この年、阪急は西本（幸雄）監督のもとでリーグ3連覇するんだけど、キャッチャー岡村の貢献は大きかったよ。

岡村の話で有名なのが、69年10月30日の巨人対阪急の日本シリーズ第4戦。ノーアウト一、三塁で、長嶋が三振したんだが、一塁ランナーの王がスタートを切り、岡村はセカンドへ送球。それを見た三塁ランナーの土井（正三）がホームへ突っ込んだ。いわゆるディレードダブルスチール（重盗）というやつだ。

セカンドの山口（富士雄）からの返球を受けた岡村は、得意の「皆殺し」で完全にブロックしたように見えたんだが、球審の岡田（功）さんの判定は、なんとセーフ。激昂した岡村は岡田さんをぶん殴って退場になってしまった。

「また巨人びいきの判定か」と誰もが思ったし、これは前代未聞の大誤審として球史に残るなと、俺も思った。ところが、翌日の朝刊に、土井が岡村の足の間に左足を伸ばしてホームを踏んでいる瞬間をとらえた写真が掲載され、判定が正しかったことが証明されたわけだ。この〝事件〟はけっこう有名で、今もマスコミが番組なんかでたまにとりあげてるから、写真を見たことがある人も多いと思う。

あそこで土井が普通にスライディングをしていたら、岡村のブロックは崩せなかったんじゃないかね。巨人というチームは、当時から対戦チームのデータを徹底的に収集して試合に挑んでいたから、岡村のブロックについても当然、情報を得ていたはずだよ。クロスプレーになったら、ああいう形でいこうと、事前に方針が決まっていたのかもしれないな。

「サインを見抜いてた」ことを見抜いていた岡村

岡村は、新聞の写真が世に出た後も「あれはアウトだった」と言い張っていたようだが、一方で「心にスキがあったのかもしれない」とも言っている。土井とは立教大学の先輩・後輩の間柄だったし、選手として屈強とはいえない土井の体格に対してもどこか油断があったのかもしれないと言っているらしい。いずれにしても、コリジョンルールというのができてしまった今の野球では、今後永久に起こることがないプレーだな。

岡村に関しては、今も思い出す話があって、ある試合で俺が打席に立ったとき、岡村が俺につぶやくんだよ。「フォークを投げさせたいけど、ノムさんのときはフォークのサインが出せませんわ」って。「なんで」って聞いたら「だってノムさん、全部クセわかってんでしょ」。俺はそのとき黙ってたけど、こいつ鋭いなと思ったよ。

ご承知のとおり、フォークってのは、人さし指と中指にボールを挟むでしょ。ピッチャーがグローブの中でボールを挟もうとすると、どうしてもグッと手を押し込むので、グローブの表面が微妙に膨らむんだよ。わずかだけど。その盛り上がりをバッターボックスから確認して、「フォークだな」と読んで打つ。だから、決め球にフォークを投げるピッチャーなんて俺としては大歓迎だったな。

岡村はそのことに気づいていたようだ。だから彼も、ピッチャーたちにクセを直すように言ったらしいが、「言っても直さんのですわ」と俺にぼやいてたよ。

知恵比べで騙して打ったホームラン

あと、いつの試合だったか忘れたけど、やはり岡村がキャッチャーで打席が俺だったときのことで、たしか同点で、打てば決勝打という場面だったと思うんだけど、カウントがスリーボールになって、歩かせられそうな雰囲気になった。

俺は打つ気満々だったし、冗談じゃないと思ってちょっと仕掛けてみたんだよ。打席を外してベンチをチラッと見て、というか見るふりをして、岡村に聞こえるように「チッ」と舌打ちをした。要するに、ベンチから「待て」のサインが出たので、「チェ、打ちたかったのに」とふてくされてる俺を演じたわけだ、岡村に向けてな。

間抜けなキャッチャーなら、そんなとこ見てないよ。でも岡村なら、絶対にマスクの下から見てるはずだと思った。「待て」のサインで打ってはいけないなら、多少甘くても振ってこないと思うだろ。案の定、投げてきたのは甘いストライクで、俺はそれを打ってホームランにした。悔しがってたと思うよ。

数字だけ比べたら、岡村と俺とは拮抗してたとは言えないかもしれないけど、同時代を生きたキャッチャーとしては、ライバルといえる存在だった。彼は次男が生まれたとき、「名前もらいますわ」とあいさつに来てね。次男の名前は「克也」君だよ。

岡村はいま、四国の高松市内で「29（ツーナイン）」というスナックをやっとるらしいから、機会があったら行ってやってよ。29は阪急時代の背番号だ。

どこかの取材で、生まれ変わったらまた野球をやるかと聞かれて、「もちろんやるけど、ノムさんのいない時代に生まれたいわ。あの人に勝てるのは顔だけや」とか言ってたらしい。顔のことはともかく、少なくとも俺に対してリスペクトの気持ちは持ってくれているみたいだな。

もしも……

楊志館高の監督がホークスのスカウトに電話していなければ〝甲斐キャノン〟は生まれていなかった

俺も長い間、南海でキャッチャーをやって、歴代のホークスのキャッチャーを見てきたけど、今はいいね。甲斐（拓也）選手。彼はいい。文句ないよ。前回の日本シリーズ（2018年の広島とソフトバンクの対戦）でも、1戦目から6戦目まですべて盗塁を止めたろ。あれでカープの機動力は完全に封じられた。

優勝するチームというのは、いいキャッチャーがいるもんだ。ソフトバンクが2年連続で日本一になったのは、MVPになった甲斐のおかげだよ。

キャッチャーというのは、日本シリーズに出ると成長するんだよ。シリーズは一球たりとも油断できないからな。甲斐が2年続けてそれを経験したのは（2017年と18年）、彼の野球人生にとって大きな財産となるはずだよ。

こんなこと言ったらなんだけど、俺と甲斐は境遇が似てるんだよ。同じホークスの捕手というのはもちろんだけど、彼も母子家庭でしょ。名選手はみんな親孝行なんだよ。親を想う気持ちは野球選手にとって大事でね、特にキャッチャーにとって基本。感謝の気持ちを持てるかどうか。それで感性が養われる。感性は思考とつながってるからな。俺も父親のいない家庭で育って、甲子園経験もなく、高卒でテスト生として南海に拾ってもらった。甲斐も、高校（楊志館高）で甲子園には出てなくて、プロのスカウトの目にもほとんど触れなかった。

本人は大学か就職かで悩んだようだが、プロに行けるなんて思っていなかったらしい。そしたら、彼のいた野球部の監督（宮地弘明氏）が、ソフトバンクの九州担当のスカウトに電話して、「甲斐を一度見てやってください」とお願いしたそうだ。

実は、この経緯も俺とそっくりなんだよ。俺も高3のとき、スカウトが誰も来なかったので、野球部の部長だった清水先生という人が見かねて、南海にハガキを出してくれてね。野村という選手を1回だけ見てやってくれと。

甲斐も育成枠で入ってるので、昔でいうテスト生みたいなもんだろ。それもギリギリの6位。

　この年のドラフトは、支配下と育成を全部合わせると、12球団が97人を指名したらしいんだが、甲斐はそのうちの94番目だったそうだ。まさにすべり込みだよな。

　それと、ホークスが1位に指名したのは、キャッチャーの山下（斐紹）という選手だったから、この時点では育成6位の甲斐は非常に厳しい位置にいたわけだ。山下はホークスで5年ほどやって、今は楽天へ移籍しているらしいから、わからないもんだ。よくここまで這い上がった。そういう雑草魂みたいなところも、俺と共通しているんだよ。

■2010年ドラフト会議　ソフトバンクの指名選手

新人選手選択会議		
順位	選手名	守備
1	山下斐紹	捕手
2	柳田悠岐	外野手
3	南貴樹	投手
4	星野大地	投手
5	坂田将人	投手
育成選手選択会議		
順位	選手名	守備
1	安田圭佑	外野手
2	中原大樹	内野手
3	伊藤大智郎	投手
4	千賀滉大	投手
5	牧原大成	内野手
6	甲斐拓也	捕手

「板」のように浅い独特な甲斐のミット

いつだったか、なにかの番組の企画だったと思うけど、甲斐と対談したんだよ。それで、広島との日本シリーズで印象に残ったプレーを聞いたら、「よかったプレーより後悔したプレーのほうがよく覚えている」と答えたんだ。具体的には、2戦目の6回に、1対1の場面で一発を浴びたときの配球ミスだと言ってた。

それを聞いて、「あ、この選手は大丈夫だ」と。そういうことをちゃんと覚えてて、しっかり反省できる選手は伸びるんだよ。

人間って、失敗してもその理由を考えないもんなんだ。そこをちゃんと考える甲斐は、間違いなく名捕手になると思った。何度も言ってるだろ、「失敗」と書いて「せいちょう」と読むんだよ。人は過ちから学ぶんだ。それができない選手が多すぎる。「ドンマイドンマイ」で済ませちゃう。失敗を次につなげることが大事なのにな。学べない人は必ず次も同じ過ちをおかす。手抜きプレーもそう。次にまたやるんだよ。だからそのとき、「君は失敗が糧になって、必ずいいキャッチャーになる」と俺は彼に言ったんだ。

そういった心構えがしっかりしていることと、よく〝甲斐キャノン〟なんて言われるくらい肩がいいだろ。俺と違ってさ。しかもコントロールがいいじゃない。見てると足の運びがすごくいいんだよ。

捕球してからじゃなくて、捕球する前に左足を一歩出して、そして右足、左足という順にステップを踏んでる。一歩目のステップがいいから、モーションが小さくなって、コントロールもいい。捕る前から足を動かしているから、体もスムーズに動くし、送球もワンテンポ早くなる。キャッチャーの動きはすべて足のフットワークなんだよ。

こういうことも、普段からいろんな角度から考えていないと、発想として浮かばないし、なによりやろうとしても簡単ではない。そうとう練習したと思うよ。

それと、対談のときに、甲斐の使っているミットを見せてもらったんだけど、捕球する部分が見たことないくらい、浅い作りになってるんだよな。キャッチャーミットというのは、正確に捕球するために奥行きが深めに作られてるもんだが、甲斐のはものすごく浅く、これで捕れるのかなと思った。板みたいなんだよ。

本人に言わせると、ミットが深すぎると右手で握るのにもたつくので、ミットでボールを「掴む」というより、「はじく」イメージでやってるらしい。だから板みたいに浅く、一回り小さく作ったんだそうだ。たしかに送球動作は早くなる。なるほどと思ったね。独創的だ。ただ、俺だったらあんなミット使いこなせんよ。

結局、キャッチャーに必要なのは信頼感だ。キャッチャーが発する言葉は、いい加減なものではピッチャーに届かない。もちろん野手にもな。根拠のある発言、責任ある発言が信頼につながっていく。よく言うんだけど、リーダーは好かれなくてもいいから信頼はされなければならない。嫌われることを恐れている人に、真のリーダーシップは取れないんだよ。「甲斐は野球を知ってる」と思われることで、信頼が広がっていく。今だっていい選手だと思うけど、これからもっと伸びていくし、それによってホークスの新時代が作られていくと思う。

もう、昔のような「野球は巨人」の時代じゃない。今はホークスの時代だ。甲斐のような選手がどんどん出てきて、パ・リーグを盛り上げていってもらいたいもんだよ。

もしも……

田淵幸一がキャッチャーをやっていなかったらホームランを474本も打っていなかった

田淵（幸一）は、昭和40年以降では、日本プロ野球界を代表するホームランバッターの一人だったと言っていいと思う。

大学（法政大）時代に22本の本塁打を打ち、それまで長嶋の持っていた8本という記録を大幅に更新して、1968（昭和43）年のドラフトで阪神に指名されて鳴り物入りでプロへやってきた。同期の山本浩司と富田勝とで「法政三羽ガラス」なんて言われてたな。

その年のキャンプ、田淵への注目度は大変なものだったが、オープン戦に入っても全然打てない。うち（南海）とも大阪球場であたったけど、田淵は「7番・捕手」で出て、3打数1安打2三振。一発だけ、皆川（睦雄）の内角低めの真っすぐを場外へ大ファウルにしたけど、いい当たりはそれくらい。その後、デッドボールくらってね。

マスコミも騒ぎはじめて、俺のとこへも記者が来たよ。「田淵はなぜ打てないんだ」って。当時の俺の解説が、3月13日付けの産経新聞に次のように掲載されてる。

「今の田淵は『打とう』という意識が強すぎる。そのせいで上体が早く出過ぎる。ウチとの試合で皆川の内角球を左手に当てたが、このコースのタマを避け切れないのが田淵の悪い癖を端的に物語っている。もっと球を引きつけなければいけない。そうすれば簡単に避けられるコースだった。このため、うまくミートしてもただバットに当てているだけで、これでは打球にドライブがかかるしホームランにはならない。バットにタマがへばり付くぐらいの感じで持っていかないとダメだ。結局、打てないことから来る焦りが一番大きい。じっくりボールを引きつけ、バットを最短距離で振れれば、打てるようになる」

今読み返しても、的確な分析だろ。このとき俺はまだ33歳だったけど、ここまで分析できていた監督は当時いなかったのと違うか。

まあ、それでもシーズンに入ったら打ち出して、その年はホームランも22本打って、捕手としては初の新人王にもなっている。

生涯でホームランを500本近く打ちながら、タイトルを1回しか獲れなかったのは、同じ時代に王貞治がいたから仕方がないわな。王がケガして33本にとどまった75（昭和50）年に、田淵が43本でトップを切った。

ちなみに、その前年も田淵は45本打っているんだが、王が49本で追いつかなかった。不幸といえば不幸だし、王のような打者とライバルになれたことを、幸せと捉えるかどちらかだな。俺だって王がいなかったら日本一だったんだから。

バッターボックスでもキャッチャーをやれ

田淵は、バッティングは天才肌だったけど、捕手としての技術は、正直ほめられたもんじゃなかった。肩は強かったけど、キャッチングが流れてストライクがボールに判定されちまうんで、江夏によくキレられたとか言ってたな。

だからよく、田淵は守備の負担が大きいキャッチャーをやっていなかったら、ホームランも500本から600本打てたんじゃないかという人がいるんだけど、俺は逆だと思ってる。キャッチャーをやってたからあそこまで打てたんだよ。

俺が現役時代に打てたのも、キャッチャー目線で配球を読んだからこそだよ。俺は典型的な〝ヤマ張りバッター〟だったから。王は逆だ。彼はヤマを張らず、読まずに来た球を打ち返す。もう悟りの境地だよ。あれは別格だ。

古田なんかも俺と同じ。キャッチャーやりながら、よう打っただろ。あいつはしたたかだからね。俺が「捕手は根拠のないサインは絶対に出してはいけない」と教えるじゃない。絶対に漫然とサインを出すんじゃないと。

言うならば、試合中も右目でボールを受けて、左目で打者の反応を見るくらいの感じでいながら、聞かれたら理路整然と説明できるサインを出せと。

古田はそういう理論を全部、自分のバッティングにいかしてたからな。抜け目がない奴だよ。

田淵も、捕手としてのレベルはともかく、自分なりに配球を考えて投げさせたはずだから、打席に立つときもその視点で考える。通算474本はその結果だよ。

実際、この「捕手目線」というか、「キャッチャー脳」は非常に大事なんだよ。俺は監督時代、よくピッチャーにバッティングキャッチャーをやらせた。要するに、バッティング練習のときに、ピッチャーにキャッチャーをやらせるんだ、マスクかぶらせて。そうすると、「ここはホームラン打たれるなあ」「あ、やっぱり、アウトコース低めに決めると簡単には打たれないな」とわかってくる。

もちろん、普段だってわかったつもりで投げてんだろうけど、実は本当の意味で理解できていないことが多い。それを覚えさせるにはいい練習なんだ。

そんなこと、どこのチームでもやってなかったけど、俺はようやらせた。もしくは、バッティングゲージの後ろに立たせて、じっくり見学させたりね。そうするとキャッチャーとしての視点が染み込むんだよ。

今、ヤクルトでコーチをやっていて、俺の下でもプレーしてた宮本慎也というのがいるけど、いわゆるＩＤ野球を真面目に学んで「打席に立つときに捕手の視点で配球を読むようになった」と何かで言ってた。彼はいずれいい監督になるよ。

だから、今の選手に言いたいのは、「バッターボックスでもキャッチャーをやれ」ってこと。それしないで、読まずに来た球を打っている。皮肉で言うんだけど、「天才的なバッティング」ばかりやっているだろ。王じゃないんだからさ。

鏡の前で構えだけの〝練習〟をしていた田淵

ただ、田淵はあんまりそういうことをわかっていなかったな。キャッチャー向きの性格じゃない。俺の現役最後の2年間、田淵とは西武で一緒にやったけど、ロッカーが隣だったので、ある試合でホームラン打たれた後に「なんであそこで真っすぐを要求したんだ」と根拠を問いただしたら、「ノムさん、投げるのはピッチャーじゃない。なに言ってんの」だからな。ダメだこりゃと思ったわ。

だから彼は監督でも成功しなかっただろ。普通はキャッチャー出身の監督は日本一になるんだよ。俺もそうだし、上田（利治）さんも森（祇晶）もそう。その法則をぶち壊したのが田淵と大矢（明彦）だ。あの2人は例外だわ。

その代わり、打つほうは天才に近かった。ある日、田淵が大鏡の前でフォームをチェックしてるんだよ、スイングもしないで。構えながら、ジーっと鏡を見てる。「バットも振らずに見てるだけで何してるんや」と聞いたら、「ノムさん、ぼくは構えさえ決まれば打てるんですよ」と言いよる。唖然としたね。フォームさえ固まれば打てるという発想は、聞いたことがない。俺にはわからん。そこらは天才だったのかもな。長嶋も変わってたけど、田淵も変わってたよ。

藤村富美男さんや村山（実）に次いで、3代目の「ミスタータイガース」と呼ばれたのは勲章だろ。西武へ行って、俺は80（昭和55）年に引退したけど、田淵は82（昭和57）年に広岡（達朗）さんのもとで日本一になった。翌年のシリーズでは宿敵の巨人を破って連覇も果たした。ま、いい野球人生だったんじゃないか。

「王・長嶋・田淵」の最強クリーンナップ

ただ、田淵は入団前、巨人入りを熱望していたんだよ。巨人以外だったら社会人へ行く、絶対に巨人以外には行かないって。それを阪神が強行指名した。田淵は当初、頑なに拒否する姿勢を示して、阪神とは契約しようとしなかった。それで入団交渉も一時、凍結になってしまったわけだ。

そのうち巨人が阪神に、「トレードで田淵を巨人に」とか言い出して、これを阪神が拒否したり、なにやら後の〝江川事件〟に通じるような動きが出はじめたりな。

そんなある日、巨人のスカウトと田淵が都内のホテルで接触しているという報道が出た。ドラフトで交渉権を得た球団しか交渉できない決まりだったので、巨人の行動は当然、ルール違反。で、大騒ぎになって、巨人や田淵が世間から批判された。

巨人側は「たまたま会ってあいさつしただけ」と釈明したんだけど、田淵が「高田（繁）さんの紹介でホテルに行った。巨人の考えを知りたかった」とあっさりバラしちゃった。よくも悪くも田淵の素直な性格だよ。

こういうことを巨人はよくやってたってことだ。田淵がこのとき、なんらかの形で巨人へ行ってたら、「王・長嶋・田淵」のとんでもない打線が組まれていたはずだ。同じチームで、王と本塁打王を毎年争ってたことになるな。

第3章　打者編

もしも……

克則に言われて六大学野球を観に行っていなかったら稲葉篤紀は近鉄で「いてまえ打線」の一角をになっていた

稲葉（篤紀）が侍ジャパンの監督に就任してから2年が経った。代表チームは期待も大きいから大変だと思うけど、頑張ってほしいと思うよ。俺も第2回のWBCのとき、世間では「ノムさんに監督をやらせろ」って声が上がってたようなんだが、関係者からは最後まで俺の名前は出なんだ。一度もだよ。

当時、「WBC体制検討会議」という監督を決める会議（2008年10月17日）があったんだけど、議長役の王（貞治コミッショナー特別顧問＝当時）が、顔を合わせるなり「ノムさーん、やらないでしょ？」だもん。「やるよ」とも言えんわな。

まあ、俺の話は置いとくとして、稲葉は1994（平成6）年のドラフトで、3位指名でヤクルトへ来るんだけど、あの入団は不思議な縁だったとしか言いようがない。当時、息子の克則が六大学の明治で野球をやってて、たまにはリーグ戦を観に来てくれって言われていてね。ある日、観に行ったんだよ。

相手は法政。それで2試合観た。そしたら2試合とも法政の4番がホームランを打ってね。それが稲葉だよ。法政にはいい左バッターがいるなと思って、まあそのときはそれで終わったんだけどな。

それで、ドラフトが近づいてきて、その年、うちは即戦力の左バッターが欲しかったんだけど、編成部は「いいのがいない」と。「いや、法政におるやんか。稲葉ダメか」と聞いたら、「彼はファーストだし、プロじゃ無理ですよ」と言う。ファーストというのは、外人とかベテランの長距離打者のような、どっちかと言うと守備に不安のある〝大砲〟が座ることが多い場所なので、稲葉じゃ物足りんということなんだろ。

「じゃ、外野やらせればいいだろ」と言っても「稲葉が外野やったとこなんて見たことないですよ」とくる。もう、固定観念だな。それと、スカウトが言うには、稲葉はすでに近鉄と話ができてるらしいと。実際、その年のヤクルトのリストに「稲葉」の名はまったくあがっていなくて、あいさつにも一度も行っていないから、いきなり指名するのも……という話だった。

それでもう、「いざとなったら、俺が稲葉の家に行って頭下げるから」と、なんとか指名する方向で押し切ったわけだ。

いざドラフトがはじまってみたら、近鉄は1巡目にピッチャーの嘉勢敏弘を指名し、オリックスにクジで負けると、ハズレ1位に、やはりピッチャーの田中宏和を指名。2位、3位もピッチャーにいった。ピッチャー狙いだったわけだ。

おそらく、近鉄はこのあと、4位に稲葉でいくつもりだったと思うんだが、うちはそれに先んじる形で、3位で指名することができた。ウェーバー制でうちの指名順が6番目、近鉄が7番目で、一つだけうちが先だったんだな。近鉄とすれば青天の霹靂だよ。「指名するつもりだったのに、なんでヤクルトが」って。稲葉にしても、一度も接触していないヤクルトから上位で来られたんで、驚いていたと思うよ。

宮本、真中、稲葉のヤクルト三羽ガラス

そういうわけで、ヤクルトに来た稲葉には「外野をやってくれ」と言って、練習をさせたら、肩はものすごく強いってわけじゃないんだけど、内野をやっていただけあって、捕ってから投げる動きが最初からスムーズだったな。それと、送球のコントロールもよかった。ほとんどストライク。ああ、これは大丈夫だと。スカウトは当初、稲葉の外野を心配してたけど、最終的にゴールデングラブ賞を5度も獲ったからな。やっぱり俺の目は確かだったんだよ。

一軍の初出場は6月の広島戦で、そこで初打席初本塁打というド派手なデビューを飾り、一年目は3割7厘(規定打席には未到達)の数字を残して、2年ぶり4度目のリーグ優勝と、2年ぶり3度目のシリーズ制覇に貢献してくれた。宮本(慎也)や真中(満)と並んで「三羽ガラス」と呼んだりして、記者連中にも「巨人や阪神ばかりじゃなくて、もっとうちの若いの記事にしてよ」って売り込んだもんだよ。

ヤクルトで10年プレーした後、日ハムでも10年。計20年のプロ生活で、2167安打、261本塁打、打率2割8分6厘は胸を張っていい。

もし稲葉が、既定路線どおり、近鉄に入団していたら、中村ノリ(紀洋)や(タフィ・）ローズらと一緒に、「いてまえ打線」の一人としてやっていたかもしれないな。

まあ、彼はホームランを25本とか26本打ったことはあるけど、アベレージヒッターだったから、役割は違ったものになってたと思うけど。とにかく「クソ」がつくほど真面目で、努力家で、さっき言った「三羽ガラス」の全員がそうだったけど、朝から晩まで、室内練習場でコンコン、コンコンやってた。それも、漠然と時間だけかけるんじゃなく、ちゃんと頭をつかってな。だから彼には説教したことがないよ。

ただ、あまりに真面目で打席でも力むんで、もうちょっと手を抜く、というと変だけど、遊び心というかね、心に余裕を持ってやれよって言ったこともあるんだけど、あれは性格だな。そんな奴だったから、近鉄でもどこでも、間違いなく早い段階で頭角を現したはずだよ。

2本のホームランを目撃できたのは偶然だった

最初から近鉄に行ってたら、チーム事情によっては、10年目のＦＡ宣言もしていなかったかもしれないし、それにより日ハムへ行くこともなかったんじゃないか。そもそも、ヤクルトで俺のID野球も学ぶことはなかっただろうし。

いや、よく考えたら、95（平成7）年の近鉄というと、鈴木（啓示監督）の3年目だったんだな。野茂がいい加減ガマンできなくなって、チームを飛び出してメジャーで大活躍した年だ。あの年、近鉄は32ゲーム差で最下位だろ。まあ、ブライアントがケガして、自慢の打線が機能しなかったこともあったんだろうけど、組織はリーダーの力量以上には伸びないんですよ。だったら、やっぱりうちへ来てよかった。あんなとこで変な野球覚えてたらいいことない。野球観も違うものになって、選手として大きく人生が変わったな。ヤクルトへ来て幸せだったわ。いきなり日本一になれたしな。

それともう一つ。俺は稲葉の2本のホームランを目の当たりにして惚れこんだわけだけど、てっきりシーズン10本以上打っているホームランバッターだと思ってたら、あとで聞いたら、3本だけだった。そのうちの2本が、たまたまといったらなんだけど、あの克則との試合で出た。これも不思議な縁というしかない。いろんな偶然が重なって、今があるということだな。

もしも……

イチローが自分のチームにいたら50歳までやらせて5千本安打を打たせていた

イチローが引退したね。まあ、長い間ご苦労さんでした、だな。3604試合（日米通算）で4367安打（同）でしょ。天才だわな。文句ないよ。俺は3017試合で2901安打だろ。たいしたことないんだよ、1試合で1本打ってないんだから。イチローと比べたらへボバッターだよ。

イチローは45歳で引退したんだろ。俺が西武で引退したのと同じ年なんだよ。あのとき、オーナーの堤義明さんは応援してくれてたんだけど、なんたって現場が使ってくれんから。当時の監督は根本（陸夫）さん。使ってもらえなきゃ選手はどうしようもないよ。いつだったたか、一点ビハインドでワンアウト一、三塁で俺に打順が回ってきて、よしチャンスだと思ったら、左の代打を出されたんだよ。あれはショックというかビックリというか、猛烈に頭に来たな。結果はセカンドゴロのゲッツーだった。あれでもう「辞めよう」と思ったわ。50歳までやるつもりだったけどな。

イチローも「最低でも50歳までやる」って言っていて、それはかなわなかったけど、俺が監督だったらやらせたよ。まだ足も速いし、できただろ。もったいないよ。俺が現役のときに、好き嫌いで干されてたような、あんなようなことには絶対しない。チャンスも与えてたよ。そうしたら、最低でも2023年、令和5年くらいまでイチローのプレーは見られたし、ヒットも5千近くいってたかもしらんな。

イチローが入団したときの1991（平成3）年のドラフトでは、ヤクルトは1位指名が石井一久で、2位と3位も投手、4位と5位が内野手、6位に捕手を指名したんだけど、「鈴木一朗」なんて聞いたこともなかったし、リストにもあがっていなかった。

で、92年のオープン戦だったと思うけど、イチローを初めて見てびっくりした。こんないいバッターどこにいたんだって。名前も聞いたことないぞと。それで、あとで編成部に聞いたんだよ。あんなの見落とすかと。

そしたら、「鈴木はピッチャーとして調べてた」ってんだよ。ピッチャーとしてだと通用しない、それで見送っていたという。実際、イチローは3年のときの春のセンバツに出てるんだけど、ピッチャーとして登録されていたらしい。だから他チームも彼をピッチャーとして見ていたんだな。

まあ、こんなこと言うと「ノムさん、後出しじゃんけんはズルいよ」って言われるかもしらんけど、俺ならまず、速い球を投げるとか、打球を遠くへ飛ばすとか、足が速いとか、そういった天性のセンスに注目すると思うんだけど、その中でも一番ツブシが効くのが足なんだよ。俊足の選手。ましてや、イチローは球に当てるのも天才的だっただろう、当時から。もうそれだけで、なんとかなるんだよ。

神宮に克則の試合を観に行って、たまたま稲葉（篤紀）を見つけたときのように、イチローをどっかで見てたら、「あいつ獲れ」って編成部に言ってたかもしらんな。まあ、さすがにそこまでは断言できないけどさ（笑）。

5人のスコアラーがイチローに白旗

イチローと、オープン戦以外で初めて対戦したのは、95（平成7）年の日本シリーズ。仰木（彬）監督2年目のときだな。「がんばろう神戸」を合言葉に11年ぶりにリーグ優勝して、非常に士気が高まっていた。イチローはその前年、94（平成6）年に210安打を打って大ブレイクしていて、95年も打率3割4分2厘、25本塁打と数字を残していた。まだ22歳だったけど、天才ぶりが開花していたよ。

イチローのチームだからな、どうしたって、彼を打たせたら勢いに乗られちゃう。マークするしかない。で、5人くらいのスコアラーに、オリックスの試合を観に行かせたんだけど、「攻略法は見つかりません」と言う。見つかりませんじゃないよ、もう1回見てこいって言ったんだけど、帰ってきて、「やっぱりわかりません」。しまいには「打たれるのを覚悟して他の打者を抑えてください」って、スコアラーが完全に白旗上げてんだからさ。短期決戦で打たれるの覚悟していたら、勝てるわけないじゃない。

それでもう、これは心理戦しかないなと思って、「イチローは内角高めの速球に弱い」って、記者に言いまくったんだよ。そうすると、記者からイチローの耳に伝わるでしょ、野村監督がこんなこと言ってるけどって。彼の性格なら「上等だよ、内角高めのストレートくらい余裕で打てるわ」ってことで、そこを意識するじゃない。そうするとフォームも崩すかもしれないし、こっちは決め球は外角を攻められる。挑発に乗ってくれたらこっちのもんなわけだよ。

そしたら、これがうまいことといって、イチローは内側の球を意識して、振り子打法の右足の振り幅をちょっとだけ小さくしたんだ。これでタイミングが微妙に狂ったと思う。そして、こちらは「内角を攻めますよ」と公言しておいて、さっき言ったように外角中心の配球でいったわけだ。

結果、1試合目が4—1、2試合目3—0、3試合目3—1、4試合目6—1と、4試合で16打数3安打、1割8分7厘。しかも3安打のうち1本はポテンヒットだからな。ほぼ完全に抑えることができた。

同じ変人でも新庄とは違う

もっとも、5試合目にとうとうバレて、外よりの真っすぐをホームランにされてな。

ヒットも1本打たれて、さすがだわ、こりゃアカンわって。それでもシリーズは4勝1敗でうちが制覇し、イチローは5試合で19打数5安打（2打点）、打率2割6分3厘と、ほぼ抑えこむことに成功した。やる前は、スコアラーが「対策法はありません、あきらめてください」って言っていたんだから、結果としては上等だろ。

ただ、天才なせいか、イチローはあんまり性格よくないよね。日頃の発言とかさ、人との対応なんか見てると、小バカにしてる感じがするでしょ。落合もそうだけど、天才と言われる人は「俺は人と違う」って感じになっちゃって、どうしてもああなるのかもな。ある意味、変人だわ。仰木（彬）が放任主義で、しっかり人間教育をしなかったからじゃないか。甘やかしたんだろ。

もし、イチローがヤクルトに来ていたら、俺ならどうしたかね。考えてみたんだけど、やっぱり放っとくかな。だって、俺の言うことなんてきかんでしょ、彼は。新庄も天才で変人ぽいとこがあったけど、彼ともまた違うんだよ。可愛げがないんだよね、イチローは。きちんと話したことないからわからんけどさ。合わん気がするよ。

もしも……

野村克也が現役キャッチャーだったら バッター大谷翔平に対して低めの落ちる球で攻める

大谷（翔平）が日ハムに来て、栗山（英樹）が「二刀流をやらせる」って聞いたときは、ふざけるなと思ったけどね。プロをなめんなって。打つだけ、投げるだけの「一刀流」でも大変なのにさ。そしたら、まんまと成功したな。あれにはまいった。

もう、テレビや雑誌の取材で何回謝ったかわからんよ。で、ここでもまた言わされるんだろ。大谷さん、大変失礼しましたって。

常識的に無理だと思ってた。もう、自分の見る目というか、自信なくしたね。まあ、それだけ規格外の選手だったってことで、勘弁してほしい。

俺がもし、現役のキャッチャーで、打者・大谷を迎えたらどう攻めるかということなんだけど、大前提として抑えとかないとならんことは、大谷がヤマを張るタイプのバッターじゃないってことだ。「来た球を打つ」タイプ。俺とは逆なんだよ。俺は配球を読んで打つ典型的な「ヤマ張り」型だったから。

王も大谷と同じで「来た球を打つ」タイプだった。あれは荒川（博コーチ）さん直伝の合気道打法だから。なので、天才型に多いんだよ。球種を絞るといった読みがない。基本的に真っすぐを待って、変化球が来たら対応する。イチローもそうだろ。そういうバッターにあれこれ考えても、あんまり意味がないし、逆に言うと、天才型は俺にとっては打ちとりやすいとも言えるんだよ。

基本的には、いつも言ってるように、外角低めのコントロール。ここが原点。ここにピシっと投げられるピッチャーは成功するって、常々言ってるんだけど、それには内角高めのコントロールも求められる。大谷に対しても、その対角線で攻めるというのが正攻法じゃないか。

それと、低めの落ちる球ね。俺は現役のとき「ゴロゾーン」って呼んでたんだけど、真ん中より少し外寄りのとこから、シンカー系の落ちる球を落とす。ヤクルトで高津がそういう球を投げていたけど、だいたいどんなバッターも引っ掛けて内野ゴロだよ。

王に対してもそうやっていた。内角へボール球のストレートとか、今で言うカットボールをファウルさせて、カウントを稼いだら、少し外角寄りにポトンと落として、引っかけてゴロ。オールスター戦では、だいたいそれで打ちとっていた。

今年のメジャーでの大谷の試合を見てると、相手ピッチャーは、内側へのスライダーとか、外角低めのスライダー系、あとはボール気味の真ん中高めの直球系とか、左右と高低の幅をフルに使って攻められてるように見える。大谷は選球眼がいいって言われてるけど、どんなに選球眼がよくて、内外角を見極められても、高低のボール球には手を出しちゃうもんでね。さっき言った王の打ちとりかたもそう。

大谷は今年（２０１９年）、フォームを少しいじったよね。重心を下げたでしょ。いろいろ考えてやるのはいいんじゃないの。５月後半くらいまでは、球の上を叩いてる感じがして、外寄りの球をひっかけてゴロにするような場面が目立ったけど、６月に入って打球が上がりだしたんじゃないの。得意のセンター左へのホームランも出てるし。あと、引っ張ったときの強い当たりが出はじめたのは、手術した右肘の不安がなくなってきてるということかもしれないね。

いずれにしても、大谷に関しては一回厳しいこと言って失敗しているから、解説するなら「シーズンを通して長い目で見守りましょう」くらいにしとくのが無難だな（笑）。

ピッチャー大谷の球なら打てる自信あり

逆に、ピッチャー大谷に対してだったら、バッター野村は、あんまり困らんのじゃないか。球種が少ない本格派でしょ。昔でいうとカネやんみたいな。嫌いなタイプじゃないよ。さっき言ったように、俺は配球を読むヤマ張り型だったから、それをしないで、ただストレートを待ってればいいんでしょ。ボール球にだけ手を出さないように気をつけて、早いカウントの間は、甘い球だけを待つわな。

それと、彼は160キロくらい投げるでしょ。だったら多分、バットを短く持つね。俺の時代は阪急の山口（高志）が一番速かったと思うんだけど、あの当時にスピードガンがあったら、確実に160キロはいってたと思う。

そのときも俺は短く持って当てにいったから。そんなところにプライドだとか言ってる場合じゃない。プロは結果がすべてなんで。短く持って当てにこられたら、ピッチャーは嫌だろ。相手が嫌がることをどんどんしていかないと。

中日の根尾を「二匹目のどじょう」扱いするな

二刀流・大谷を認めたうえで、そのうえで言うんだけど、誰もが彼のようになれるわけじゃないからね。それだけは野球関係者は勘違いしない方がいい。

今年、大阪桐蔭から根尾（昂）が中日に入ったとき、二刀流でいけるかみたいな話になったじゃない。あれ聞いたとき、大人がそういう無責任なことを言うなと思ったよ。「二匹目のどじょう」じゃないんだから。

たしかに、地肩も強いし、指にかかった球は切れがある。最速150キロくらいだっけか。でも、あくまで高校野球だから通用したんで、あのくらいの球ならプロじゃ珍しくない。ゴロゴロいるよ。コントロールもいま一つだしな。

なにより、投げ方だ。高校時代の動画をちょこっと見たけど、完全に内野手の投げ方だな。体が立ってるでしょ。下半身が使えてない。ピッチャーの投げ方じゃないんだよ。見るとわかるけど、ユニフォームの膝のとこが汚れてないでしょ、まるっきり。土がついてない。下が使えていないいってことなんだよ。

カネやんの口癖で「足で投げろ」って言葉があってね。ロッテの監督のときなんか、ベンチからマウンドに向かってしょっちゅう怒鳴っていたよ。「足で投げんかい!」って。うまいこと言うもんだよ。上半身は気にしないで、下半身さえ正しい動きをしてれば、自然と上半身に伝わっていくんだよ。あれだけの大投手が言うんだから間違いない。

日ハムに行った吉田輝星もそうだな。やっぱり下が使えてない。今の子は下半身使うのが下手だな。コーチが早いうちに教えないと。鉄は熱いうちに打て、だ。

話を大谷に戻すけど、彼のいいところは真面目なところだよ。遊んでるって話を全然聞かないじゃない。高級車を買ったとか、飲み歩いてるとかさ。野球にしか興味ないように見えるね。それ大事なんだよ。松井(秀喜)もそういう感じだったでしょ。大金稼いでも、使うところがないとか言ってた。メジャーで成功する秘訣は、才能ももちろんだけど、結局は真面目に野球に取り組む姿勢だな。

もしも……

永淵洋三が東芝に入社していなかったら漫画『あぶさん』は生まれていなかった

どういうわけか、俺のことを酒飲みだと勘違いしている人が多いんだが、俺は一滴も飲めない。野球選手は体が資本なんだから、酒もタバコもやらんほうがいい。ちなみに、藤田（元司）さんや森（祇晶）も飲まないので、名監督はみんな下戸なのかと思ったら、長嶋（茂雄）も飲まないのでそんなことはないな。川上（哲治）さんは酒好きだったらしいし。

俺たちの時代、球界で酒豪といえば、近鉄に永淵洋三という選手がいた。左投げ左打ちで、身長は168センチと小さいんだが、とにかく毎晩飲んでいた。一晩に日本酒を一升空けたというから、俺からしたら考えられんわ。二日酔いで試合に来て、外野で吐いていたこともあったからな。

プロ入り前、社会人野球の東芝でピッチャーをやっていたときに、飲み屋に30万くらいツケがあったらしい。サラリーマンの月給の平均が2万円くらいの時代だよ。それを近鉄からの契約金で一括返済したって話だ。漫画みたいな話だと思ったら、水島新司氏が描いた『あぶさん』という野球漫画の主人公（景浦安武）のモデルだという話だ。たしかに、あぶさんの主人公も、飲み屋のツケを南海入りするときの契約金で返すってエピソードがあるが、これも永淵の体験談だったのかね。

永淵は1968（昭和43）年にピッチャーとして近鉄に入り、この年は12試合に登板したんだが、一勝もできなかった。一方で、主に代打で299打席に立ち、2割7分4厘の数字を残しているから、元祖二刀流だったわけだな。というより、「投手」「代打」「外野手」の1人3役だから三刀流か。

2年目は打者に専念して162安打を打ち、3割3分3厘で、張本と同率で首位打者になった。ちなみに、張本は160安打で、永淵のほうが2本多かったけどな。

変化球が苦手な選手で、追い込まれるまでは1球目からインコースの真っすぐにヤマを張るタイプだった。当時のピッチャーは真っすぐが多かったし、変化球を持ってても必ず何球かはストレートが来るので、それを狙っていたな。それも引っ張り専門。流し打ちなんてする器用なタイプじゃなかった。

データを分析して「永淵シフト」で対抗

俺は70（昭和45）年に、南海のプレーイングマネージャーになるんだが、永淵のことで覚えているのが、4月21日の近鉄戦。永淵のデータをスコアラーに分析させたんだけど、前年の162安打のうち、28安打が内野安打だった。足が速くて内野に転がしてセーフにするパターンが多かったんだ。それと、左打ちの引っ張り専門だから、打球の60%が右方向という点にも着目した。

それで、永淵の打席のときは、サードをショートの位置に、ショートが二塁ベース後方、セカンドが一、二塁間を守るというシフトを組んだ。さらに外野を2人にして、1人はピッチャーの後ろに置いて、内野5人体制というのもやったな。いわゆる「永淵シフト」というやつだ。

実際、これで内野安打は減ったし、外野が空いているので飛ばそうとするんだが、それまで転がす打ち方をしてた選手なので、うまくいかない。そのうち他のチームも真似をするようになって、その年の永淵は打率を2割9分5厘に落としている。

2割9分じゃ悪い数字でもないけど、シフトの真の狙いは、「野村克也が何かしてくる」と心理的に追い込んで、打撃スタイルを崩すことにあるからな。疑心暗鬼になって、プレッシャーはかかっていたはずだよ。

実は俺も、レフトへのホームランが圧倒的に多かったので、一時期、右方向をガラ空きにする「野村シフト」をしかれたことがあった。それで、最初のうちは右を狙ったんだけどうまくいかない。そのうちフォームを崩すんだよ。相手にしてみたら、1本や2本右へヒットにされたって、形を崩して調子を落としてくれたら、シーズンを通してみたらそっちのほうがいい。相手の罠にはまっているわけだ。

シフトという意味では、広島の白石（勝巳）さんが60年代に考案した「王シフト」が有名だけど、やっぱり王も同じことを言ってたよ。「ノムさん、慣れないことはするもんじゃないですね」って。

ちなみに、この近鉄戦よりも前、開幕3戦目の阪急戦で、4番の長池（徳二）に向けた「長池シフト」というのを俺は先にやっていたんだよ。

セカンドをライトの位置に移動させて、ライトをセンターの定位置より少し右に、センターが左中間といった感じで、要は外野4人体制だな。これも、長池の打球が二塁から右が多いというデータをもとにしたものなんだが、これもうまくいって、右中間にライナーで飛んだヒット性の当たりが、守りの正面に来たりして、この日の長池は4タコ。試合は俺が逆転2ランを打って、うちが1点差で勝った。采配も打撃もさえていたというやつだな。

記者に聞いたんだが、長池は「内野は3人なの？」とか言って気にしていたらしいから、その時点でもう気持ちを揺さぶる効果はあったと思うよ。

永淵が酒を飲みはじめた意外な理由

話を永淵と酒に戻すんだけど、聞いたところでは、彼が酒を飲みはじめたのは東芝に入団してかららしい。当時の監督をやっていた人から、「酒も飲めないといい選手になれない」と言われたことがきっかけだそうだ。

もっとも、その監督は、会社員として接待があったり、いろんなとこで歓待されるときもあるので、「たしなむ程度は必要」という心構えの意味で言ったらしいんだが、永淵は鵜呑みにして、30万円もツケが貯まるまで飲みまくったという話だ。

それと、永淵は東芝へ行く前に、65（昭和40）年に西鉄の入団テストを受けて落ちてるんだ。それで悔しくて飲みまくったとかいう話もある。もし、東芝の監督がそんな助言をしないで、永淵が酒飲みになってなかったら、40年以上連載が続いた漫画『あぶさん』は生まれていなかったかもしらんな。

俺もあの作品にはだいぶ出させてもらって、巨人全盛の時代に、あれで俺の名前を覚えたという野球少年も多い。だから、よかったのか悪かったのかね。

いずれにしても、永淵は実働12年で９６２安打、１０９本塁打、４０９打点の成績を残した。引退後は佐賀市で「あぶさん」という居酒屋を長いことやっていたそうだが、去年（２０１８年）、惜しまれながら閉店したそうだ。

もしも……

6月30日に雨が降らなかったら、王の一本足打法は生まれていなかった

長い野球人生で凄いバッターはたくさん見てきたが、誰がナンバーワンだったかといえば、間違いなく王貞治だろうな。いま、(エンゼルスの)大谷が凄い凄いと言ってるけど、俺に言わせれば王のほうがはるかに上だよ。スイングから飛距離から、打席での集中力から、すべてにおいてね。これは譲れない。

王は通算868本のホームランを打ったけど、決して狙って打っていたわけではなく、基本的にはヒットの延長という考え方だったらしい。常にいいバッティングをすること、すなわちバットの芯で球をとらえることだけを考え、その結果がヒットであり、その延長がホームランだったわけだ。ホームランなら俺だってけっこう打ったと思うけど(歴代2位の657本)、王はそれを、あっという間に超えてしまった。

俺は1963（昭和38）年に年間52本のホームランを打ち、小鶴誠さんの日本記録（51本）を13年ぶりに塗り替えたんだが、そのとき「これであと10年くらいは俺の名前が残る」と思ってた。そしたら、次の年に王があっさり抜いていきよった。たった1年だ。ほんと、王は俺の価値を下げた男だよ。

王は早実から鳴り物入りで巨人に入ってきたんだが、正直に言って、そこまで成功するとは思わなかった。もちろん、逸材であるとは思ったけどな。

大阪球場のオープン戦で、皆川（睦雄）の失投を見逃さずにバックスクリーンへもっていって、「なるほどいい選手だ」とは思った。ただ、内角のさばき方ができていなかった。持論なんだけど、内角が苦手というバッターはプロで大成しないんだ。

いいバッターは、内角を打つときにも体が開かずに、「壁」をしっかり作って打つことができる。この壁を作ることで、軸足に十分な「タメ」ができ、インパクトの瞬間ボールを強く叩けるわけだ。逆に壁が崩れると、体が開いてタメが生まれず、ボールに強い力を伝えることができない。王はこれができてなくて、内角球はみんなバットの根っこに当てていた。実際、デビューの年は開幕から27打席ノーヒットが続いたりで、最初の3年は鳴かず飛ばずだったからね。

専属コーチがうらやましかった

ところが4年目、王は打撃コーチの荒川（博）さんと二人三脚で一本足打法に取り組んで、苦手な内角打ちを克服しただけじゃなく、突然ホームランを量産しはじめた。荒川さんに出会っていなかったら、後の「世界の王」は生まれていなかったかもしれないわけだから、その功績は大きいと言うしかない。

なにしろ、王の専属コーチみたいな形だったからね、端から見てて本当にうらやましかった。俺にもあんなお師匠さんがいたらなぁといつも思っていたよ。

俺だって専属のコーチがいたら、ホームランだって700本くらいは打ってたのと違うか（笑）。まあ、それはわからんけど、とにかく王をうらやましく見てたのを覚えているよ。当時の南海といえば、監督が鶴岡さんだったんだが、精神論の塊みたいな人でね。「気合いだ」「根性だ」で、ほとんど軍隊野球だった。実際、軍隊用語が飛び出すんだよ。「営倉に入れるぞ！」とかね。なんや営倉ってと思ったけど。バッティングにしても「ボールよう見てスコーンといけ」だから。そりゃ、ある意味正解だわな。ボールをよく見て、バットの芯でスコーンと打てばヒットになるわけだから。

俺がキャッチャーやって打たれたときも、「何を放らしたんや」と言うので「カーブです」と答えたら「バカタレ」、「真っすぐです」でも「バカタレ」。結果で怒ってるだけ。そんなもんだったんだよ。巨人がうらやましいと思った気持ちもわかるだろ。

もっとも、王は練習もしたからな。俺も若い頃はそうとうやったつもりだけど、王には練習の質でも量でも勝てなかった。実は当時、荒川さんに頼んで練習を見せてもらったことがある。天井から糸でつるした紙を、日本刀で真っ二つに切る練習風景を、テレビで見たことがある人も多いと思う。あれを見せてもらったんだ。すごい迫力だった。王からも荒川さんからも、気迫というか殺気というか、圧倒的な空気が感じられて、とても話しかけられるような雰囲気じゃなかったな。

荒川さんに勧められて、オフには合気道も習っていたそうだ。毎朝5時に起きて寒稽古に通っていたらしい。王が精神的にも強いのはそのせいだろ。すごい師弟関係だなと思ったし、これじゃ俺も抜かれるわけだなと、納得せざるを得なかったよ。

〝ヒッチ〟という悪癖で内角を打てなかった王

一方で、荒川さんが伝授した一本足打法については、実はそういった感動的なエピソードばかりではないという人もいる。これは俺が言ってるんじゃなくて、王自身が自分の本（『王貞治　回想』）の中でも書いているよ。

もともと一本足打法というのは、王のバッティングの悪い癖がなかなか直らず、苦肉の策として荒川さんが考えたものなんだけど、あくまで対処療法として考えていただけで、王の本を読む限りでは、実戦で使うところまでは想定していなかった可能性も否定できない。

王は当時、打つときにテークバックの姿勢から、ボールを打つ直前にもう一回テークバックしてしまう「ヒッチ」という癖があったようで、これが何をしても直らなかった。2度もテークバックをするので、速い球には食い込まれるし、特に内角球を詰まらされたり、手が出ずに見送ったりということを繰り返していたらしい。今でいうと、巨人にFAで行った丸や、メジャーだったら現役時代の（バリー・）ボンズが、意図的にヒッチ打法をやってたけど、ああやって自分の型にしている選手もいれば、当時の王みたいに、悪癖になってしまう場合もある。

そこで、いっそのこと、これ以上テークバックできないような体勢から始動する打ち方として、荒川さんが考えたのが、はじめから左足一本で構える打法だった。それ以上テークバックができないばかりか、ヒッチしようとするとバランスが崩れてキャッチャー側に倒れてしまう。

なるほど、理屈はわかるような気もするが、はたしてそんな打ち方で140キロを超える球に対応できるものだろうかと、王も困惑したようだ。そりゃ当然だろう。そして、荒川さんもそのとき、その一本足の打ち方を無理に教え込むことはなく、「こんなやり方もあるってことだ」くらいの感じでその場は終わり、特にそこで新打法の特訓がはじまることもなかったらしい。

その様子からは、荒川さんも、悩んで悩んで、苦悩しながら知恵を絞り出してはみたものの、はたしてどこまで一本足打法に確信を持っていたかはわからない。王自身も、その後の練習では今までどおりの二本足で打ち続けたし、一本足打法についても「そんな奇妙なスイングはすっかり、頭の中から消えていた」と書いている。一本足打法はそのまま永久に世に出ずに終わっていた可能性もあるわけだ。

追い詰められた荒川さんのイチかバチかの大博打

そのままシーズンに入って3カ月が過ぎ、王の打率はあいかわらず2割5分前後を行ったり来たりしながら、7月1日の大洋戦を迎える。これが、王と荒川さんにとっては運命の日になるわけだよ。

王の著書によると、この前日の6月30日に降った雨の関係で、川崎球場はグラウンド整備で試合開始が30分くらい遅れ、川上監督が臨時コーチ会議を開いたというんだ。で、その場で「王はどうなってるんだ」という話になったらしく、かなり厳しい口調で荒川さんを責め立てたコーチもいたようだ。

慌てた荒川さんは王のところへ飛んで行って、「キャンプで言ったこと覚えてるか。ほら、左足一本のやつだ。あれ、今日やってみろ」と。ぶっつけ本番もいいところなんだが、そこで王は見事に結果を出す。1打席目ヒット、2打席目は弾丸ライナーのホームラン。その後も打ち続け、その年は38本塁打でタイトルを獲得。以降、13年連続本塁打王というとてつもない記録を樹立することになる。

もし、試合前日に雨が降っていなくて、1日の大洋戦が予定どおり開始されていたら、臨時コーチ会議は開かれていなかったし、荒川さんも無謀な賭けに出ることもなかっただろ。あるいは、雨が止まずに大洋戦が流れていたら（予報では雨だったらしい）、王が一本足を試す機会はその後、永久に訪れなかったかもしれない。俺の本塁打記録が破られることもなかったんだよ。

まあ、なんにしても、王がその日に打てていなかったら、「やっぱりそんな変な打ち方はダメだ」となっていただろう。だから、一発目のチャンスで打った王がまずは凄かった。それと、仮に確信が持てていなかったとしても、あの打法を寝ないで考え出した荒川さんが、指導者として立派であることに変わりないということは言っておきたい。

もしも……

吉村禎章が靭帯を負傷していなかったら巨人の不動の4番打者になっていた

1981（昭和56）年のドラフト3位で、PL学園から巨人に入団した吉村は、まさにセンスの塊のような選手だった。俺は80（昭和55）年に西武を引退して、その頃は解説者をしていたんだけど、「また巨人にいい選手が入りよったな」と思ったもんだよ。本人は法政（大学）へ行くつもりだったのに、巨人が強行指名して、助監督だった王に熱心に口説かれたらしい。「プロへ来るなら早い方がいい」って。まあ、その考えは俺も同じだけどな。力があるなら大学なんか行くことないんだよ。

その吉村が開花したのは、2年目の83（昭和58）年。規定打席には達しなかったけど、3割2分6厘の成績を残し、3打席連続本塁打も記録したり、天才ぶりをチラつかせはじめた。

84（昭和59）年も規定打席には到達できなかったが、率は3割4分2厘と数字を残し、なによりOPSが1・030と飛びぬけていた。オフには日米野球（対オリオールズ）でも大活躍（30打席13安打9打点）して、向こうの監督（ジョー・アルトベリ氏）から「アメリカへ連れて帰る」と言われたとかで、それが当時大きく報じられていた。まだ吉村が21歳のときだ。

その頃、巨人にはレジー・スミスという、もう峠は越えていたけど、大物クラスといえる外国人選手がいたんだが、彼も「吉村みたいなバッターはメジャーにもそうはいない」と、彼の若さと才能に惚れこみ、当時のスポーツ紙から「教え魔」と書かれるくらい、自分のバッティングを一所懸命に教え込んでいたな。

85（昭和60）年には初めて規定打席に到達し、率はセ・リーグ3位の3割2分8厘で、本塁打は16本。翌年からは首位打者争いにも絡み出したり、ベストナインにも選ばれはじめる。背番号が同じ50番台の、駒田（徳広）や槙原（寛己）あたりと「50番トリオ」と呼ばれ出して、名実ともにプロ野球を背負っていく選手に成長していった。巨人のOBからも「今後15年は巨人のクリーンナップを打つ」と太鼓判を押されていたという話も聞いた。

疑問に感じていた王監督の吉村起用法

実際、俺も解説者として外から野球を見ていて、間違いなく吉村は将来の巨人を背負う選手だと感じていた。だからこそ疑問だったんだが、左ピッチャーになると必ずといっていいくらい、ベンチに引っ込められてしまうんだよ。

たしか、王が藤田（元司）さんからバトンタッチされる形で、助監督から監督になった年だったと思うんだけど、王はとにかく右ピッチャーのときしか吉村を使おうとしない。向こうが左ピッチャーを出してくると代打を出してしまう。

当時の吉村のデータを俺はいま持っていないから、詳しいことはわからんけど、まあ多分、左に対する率は低かったんだろうよ。でも、巨人のクリーンナップを張ろうって選手だろ。左ピッチャーになると代打が出される4番打者なんて聞いたことないんだよ。育てるつもりがないのかと思ったよ。

それである日、試合前だったと思うけど、「ワンちゃんさ、吉村なんだけど、もうちょっと我慢して使ってやったらいいじゃない」と直接聞いてみたんだ。そしたら王はいろいろ言ってたけど、最後は「巨人には優勝しなければならないという絶対的な命題がある。常勝という宿命がある」んだと。だからそう簡単に、理屈どおりにはいかないんだと、そんなようなことを言ってた。

要するに、王としては「ノムさんの言うことは、理屈としてはわかる。でも優勝を毎年するように使命を受けている監督としては、悠長に育てている時間的余裕もない」ということなんだろうな。

そりゃあ、左ピッチャーと左バッターで対戦したら、バッターが不利なのは俺だってわかってるよ。今さら言うまでもないけど、バッターの背中側から来る球筋は見にくいから、どうしたって体が開きやすくなって打ちづらくなる。

でも、そんなこと言ったら右ピッチャー対右バッターだって同じことなんだよ。日本人の大半は右利きだろ。特に当時はほとんどが「右vs右」なのに、そっちはあまりクローズアップされてないんだよ。条件は同じなのに。

なんでかと言うと、右バッターは普段から右ピッチャーと何度も対戦しているから、ある意味慣れてしまうんだよ。少年野球の頃から、ずっと右投手を見続けてきているから、「球筋というものはそういうもんだ」と認識している。繰り返し何度も対戦する中で、右ピッチャーの球を打つ術を身につけていくだけだ。

メジャーの大谷だって、去年（2018年）そうだっただろ。左が苦手だからと言われて、最初は毎回変えられてたけど、対戦するうちにだんだん打てるようになったじゃない（9月にプホルスが故障者リスト入りした後、対戦投手に関係なくスタメン出場。以降の対左投手42打席では打率3割0分8厘）。

吉村だって、目先の勝ちにこだわって変えてばかりいたら、彼がどんなに才能があっても、いつまでたっても左ピッチャーを打てるようにはなるはずがない。これは、いろんな講演会とかでも言うんだけど、人というのは失敗や負けを経験して多くを学ぶんだよ。失敗は成功の源だ。だから、「失敗と書いてせいちょう（成長）と読む」と俺はいつも言うんだよ。いいこと言うだろ。誰も褒めてくれないから自分で言うしかない。

俺がヤクルトの監督に就任したのは1990（平成2）年なんだけど、もし当時のヤクルトに吉村が在籍していたら、最初のうちは打てないのも覚悟のうえで、左ピッチャーに対峙させていたと思うよ。

まあ、王をかばうわけじゃないけど、言ってることもわかるんだけどな。巨人とヤクルトじゃ、ファンからの応援やプレッシャーの重さも違うし、当時の巨人は原（辰徳）も中畑（清）も、篠塚（和典）もクロマティもいたし、たとえ吉村がベンチに引っ込んでも打線の厚みは変わらなかった。100％本気で毎試合を勝ちにいくというのならば、王の選択肢も一つの正解ではあるんだけどな。ただ、俺だったら起用していたという話だよ。

8回に守備固めで引っ込めていたら

その吉村の運命を変えたのが、88（昭和63）年7月6日の札幌円山球場での中日戦。吉村が25歳のときだ。この日は3番吉村、4番原、5番が台湾の呂明賜というクリーンナップで、4回にこの3人で3連発ホームランを打つなどして、巨人ファンにはたまらない展開で試合は進んだ。吉村としても3試合連続の一発だった。

ところが、8回の守備で、外野フライ捕球の際に、この回から守備固めで入っていた栄村（忠広）と激突し、吉村は左ヒザ外側靭帯断裂の重傷。報道によると、4本ある靭帯のうち3本を断裂して、腓骨神経も損傷していたらしい。「交通事故レベルのケガ」と報じたスポーツ紙もあった。

聞くところによると、7回裏の攻撃が終わったら、王は8回からは吉村を引っ込めて守備固めに入るつもりだったらしい。ところが吉村の前で3アウトになったので、8回裏の打席にも吉村を立たせるために、お役御免とはならなかった。ここも運命の皮肉というしかない。試合は9対1で楽勝ムードだったので、こんなことになるなら引っ込めておけば……というのも結果論でしかない。

吉村はその後、アメリカで手術を受けたわけだが、執刀したジョーブ博士から「復帰できるかどうかはわからない」と言われたらしい。それでも懸命にリハビリをして89（平成元）年9月に、東京ドームの打席に423日ぶりに立つことができた。大変な苦労だったと思う。誰でもできるものじゃない。

その後も、100%の状態を取り戻せたとは言えないかもしれないが、翌90年は優勝を決めるサヨナラホームランを打って、規定打数未到達ながら3割2分7厘の数字を残している。最終的に98(平成10)年まで現役を続けたのは立派というしかない。吉村が、あのもっとも伸び盛りだったときにケガをしていなければ、巨人だけじゃなく、球界を代表するバッターになっていただろうな。4番が原だったか吉村だったかは、巨人のチーム作りの問題だから俺が口を出すことじゃないが、どこのチームへ行っても10年くらい4番を張る力があったことは確かだ。

それと、入団の頃の話に戻せば、当初は大学へ進む意志が固かったそうだから、もし巨人の誘いを断って、4年後の85(昭和60)年のドラフトにかかっていたらどうなってたかね。昭和60年って、清原と桑田のKKコンビが指名されたドラフトなんだよ。

巨人はあのとき清原を選ばずに、桑田を筆頭に1位から4位まで投手を指名しているくらいだから、野手の吉村にはいかなかった可能性もある。だとしたら、吉村は出身地(奈良県)の関西のチームにでも入って、ケガもしないで4番でバリバリ打ち、もっと違った形で現役生活を終えていたのかもしれないな。

もしも……

長嶋茂雄が約束どおり南海ホークスに入団していたら長嶋・野村のNN砲がパ・リーグの歴史を変えていた

日本プロ野球の歴史の中で、ナンバーワンのスターといえば長嶋茂雄だろう。「ミスタープロ野球」という意味から「ミスター」なんてニックネームで呼ばれている人はほかにいない。彼は俺と同じ年齢だが、見てわかるとおり性格もキャラクターもまるで違う。真逆だよ。長嶋が「陽」なら俺は「陰」。長嶋がヒマワリなら俺は月見草だ。

1958（昭和33）年に長嶋が巨人に入団したことで、日本の球史は「長嶋以前」「長嶋以後」と区切ることができるという人がいるくらいだ。それくらいの影響力があった。

しかし、本来なら長嶋はうち（南海）へ来ていたはずの選手なんだよ。長嶋の南海入りはほぼ確定していたんだ。交渉役となっていたのは、長嶋とは立教大学の先輩・後輩の関係にあった、「親分」こと大沢啓二さん。通算本塁打8本という、当時の六大学新記録を打ち立てて人気絶頂だった長嶋と、立教のエースだった杉浦（忠）の2人を、「絶対に獲れ」という鶴岡監督の命を受けて動いていた。当時、南海には立教出身は大沢さんしかいなかったから、唯一のラインだったんだな。

よく東京へ遠征に行くと、鶴岡さんと大沢さんが、長嶋や杉浦と一緒に飯を食ったりしていたようだ。長嶋も先輩から「おまえら南海に来い」と言われたら断れないだろ。実際、2人とも「わかりました、南海へいきます」と答えたようだし、杉浦はすんなり南海に入ってエースとなり、後に監督候補にまでなっている。

俺もある日、東京から戻ってきた大沢さんから「おーい、長嶋と杉浦が来ることになったから。よろしく頼む」と言われたのを覚えている。だから、ほぼ決まっていたようだな。

では、なぜ長嶋は翻意したのか。これについてはいろんな説があるのだが、俺が聞いたのは、南海のあまりのケチさ加減に嫌気がさしたというものだ。

南海は当時、学生だった長嶋に月2万円くらいの小遣いを渡していたといわれている。

新卒の会社員が月給1万円くらいの時代にけっこうな額だよ。「面倒をみてやるから卒業したらうちへ来いよ」という、言うならば手付金みたいなものだ。今そんなことしたら大問題で、コミッショナーから関係者が全員処分されるような話だが、まあ、当時はそんなのあたりまえに行われていた。

それで、いざ入団となったときに、これも聞いた話なんだが、南海がこの小遣いを契約金から差し引くと告げたようだ。それまで長嶋に渡した小遣いの累計は、正確にはわからんが、だいたい30万円くらいだったらしい。

その考え方のあまりのセコさに長嶋が幻滅し、南海に愛想をつかせたという話を俺は聞いたことがある。そして、南海入りが頓挫したという情報をキャッチした巨人が素早く動き、猛烈に勧誘して巨人入団へこぎつけたという話だ。

ただ、本当にそれが理由だったかはわからない。巨人のやり方はいつも決まってるんだよ。選手の取り合いになるとずっと静観してて、それで契約金や年俸がだいたい決まるだろ。そうすると出張ってくるんだよ。「南海はどれぐらいって言ってましたか、わかりました、わが巨人軍はその倍出しましょう」って。そりゃ誰だってぐらぐらっとくるわな。

長嶋がどうだったかはわからんよ。「総合的に考えてやっぱり俺には巨人というチームが合ってる」と判断したのかもしれない。それは俺はわからん。いずれにしても、ほぼ決まりかけていた長嶋の南海入りの話は完全に消えてしまったわけだ。

大沢さんの前で泣きながら土下座した長嶋

長嶋が南海入りをやめて大沢さんに謝りに来たときのことを、大沢さんは自身の著書（『球道無頼』集英社）の中で書いている。長嶋は大沢さんの前で土下座をし、「散々お世話になっておきながら申し訳ありません。巨人に行かせてもらえませんか。お願いします」と泣きながら頼んだらしい。

大沢さんも「男の約束じゃねえか、理由を言え」と激昂したが、長嶋は申し訳ありませんの一点張りだったという。だから真相は今も謎のままだ。

そもそも、大沢さんの本の内容がどこまで事実なのか、書いた本人でないのでわからないが、長嶋は2002(平成14)年に都内で開かれた「大沢親分の古希を祝う会」に出席したときに、次のような内容のスピーチをしたと時事通信が報じている。

「大沢さんには杉浦ともども、南海に誘いをいただき、わたしも一時は南海入りに傾いていました。杉浦は南海へ行って大投手になりましたが、わたしは大沢さんの意に反して巨人に入りました。今思えばその選択もよかったのではと思っています」

少なくとも、長嶋が一時は南海入りに傾いていたことは事実なんだろう。本の中の「泣きながら土下座」のくだりについても、特に否定したという話は聞かないし、おおむね、そのようなシーンが繰り広げられたってことなんだろな。

ホークスの4番は野村か、長嶋か

大沢さんに「長嶋が来るから頼むぞ」と言われたときの俺の感想は、「へえー、あの長嶋が来んのか」と「じゃあ、俺の4番どうなるんだ」というもの。お友だちの集団じゃないからな。誰かが来れば、誰かがはじかれるわけだ。

長嶋が入団した58（昭和33）年の、南海の開幕オーダーを見ると。4番は俺。サードは森下正夫さんだ。長嶋は巨人に入った1年目に、打率3割5厘、本塁打29本を打って新人王になっているから、パ・リーグへ来ていたとしても同じくらい活躍したと考えていいだろう。

そうなると、このオーダーから誰かがはじかれる。サードの森下さんは、ホームランはほとんど打たなかったし、打率も3割に一度も達していないが、セカンドやショートも守れるユーティリティプレーヤーだったから、別のポジションに回って生き残ったかもしれない。ただ、広瀬は天才だったから、ショートはないかな。森下さんは、65（昭和40）年くらいまでずっと南海のサードを守ったから、長嶋が来ていたらずいぶんと変わった野球人生になっていたかもしれない。もちろん仮定の話だから、森下さんだけのことじゃないけどな。

それより、問題は4番だよ。南海は間違いなく、長嶋をチームの顔として育てるだろうし、俺がいくら打っても長嶋をクリーンナップの柱に置いてたかもしれん。

巨人のON砲ならぬ、長嶋と俺のNN砲が実現していたかもしれないが、はたしてどっちのNが4番だったかな。とりあえず、昭和33年の開幕オーダーで見る限りでは、こう言っては失礼だが、長谷川さんか岡本さんがクリーンナップからは外れていたかもしれない。

同じ年にセ・パで本塁打王になっている野村と長嶋

それと、61（昭和36）年に俺はホームランを29本打ってタイトルを獲ってるんだが、実は長嶋もこの年に28本打って、セ・リーグで本塁打王になってるんだ。ちなみに打点も、俺の89に対して長嶋が86と拮抗している。

これ、同じ南海でやっていたらどうなっていたかね。王と長嶋が切磋琢磨したみたいに、俺と長嶋でパ・リーグの一時代を築いていた可能性だってあるわな。

ただ、これを言っちゃおしまいなんだが、長嶋は巨人に入ったからこそあれだけのスターになったと俺は思ってるよ。もちろん、パ・リーグにも時代ごとにスターと言える選手はいたけど、あの時代の巨人軍というのは、いろんな意味で次元が違った。

今でこそ考えられないが、昔のプロ野球というのは、もっとイメージが暗かったよ。人気があったのは大学野球で、プロのほうは「職業野球」と言われたりしてな。こんな華やかな世界じゃなかった。それを変えたのが長嶋だった。

その象徴といえるのが59（昭和34）年の、天覧試合だよ。当時、野球人気を高めるために、関係者が宮内庁に必死で交渉して、ようやく実現したと聞いてる。実はパ・リーグでも、大映の社長（永田雅一氏）が、大映（オリオンズ）と西鉄（ライオンズ）で天覧試合を実現しようと画策したらしいんだが、最終的には巨人・阪神で決まった。そこでサヨナラホームランを打つんだからね、長嶋は。今で言う「もってる」というやつだろ。それが長嶋だよ。

高度経済成長の時代に、長嶋がプロ野球を国民的なスポーツにした。だから、彼に関しては「巨人の長嶋」というストーリー以外ありえないということだな。

第4章　監督・指導者編

もしも……

野村克也が今、監督に就任するならヘッドコーチは宮本慎也にやらせる

長いこと野球の世界にいるけど、日本の野球はいまだにスター選手を監督にする傾向があるだろ。あれ、なんなんだろな。現役時代に人気があったことと、指導者になるのとは関係ないのに。人気なんて実体がないんだよ。でもそれを根拠に監督にしてしまう。

そういうなかで、この人に監督をやらせてみたいと思うのが、ヤクルトで俺の下でもプレーした宮本慎也だ。2018（平成30）年からヤクルトのコーチになったようだけど、彼の監督は一度見てみたいと思ってるよ。

宮本はPLから、同志社、プリンスホテルを経てプロへ来たので、アマチュアとしてはエリートコースなんだけど、プロでレギュラーを獲れるかは、はっきり言って微妙だった。守備は一級品だったけど、打つ方が全然ダメだったからな。

スカウトが俺のとこに来て「監督、バッティングに目をつむってくれれば、いい選手がいるんですけど」って言うんだよ。それで1994（平成6）年のドラフトで、宮本が逆指名したのを受けて、2位で指名したんだけどな。

俺が宮本に言ったのは、「一流の脇役になれ」ということ。そのうえでバントと右打ちの技術を磨けと言ったんだ。ほかの選手が気持ちよくマシンを打っている間も、宮本にはバントと右方向に打つ練習ばかりさせていた。実際、彼も必死で練習して、職人技の域に達するほどの選手になったわけだ。

当時のヤクルトのショートは池山（隆寛）だったんだが、池山には守備の負担を減らしてバッティングに集中させようと思い、負担が少ないサードへコンバートしろと言ったんだけど、そこには宮本がいたからというのが大きい。宮本なら池山の後釜としてショートを守れる力が十分あったし、池山自身も最初は迷っていたようだけど、宮本の守備を見て納得していたからな。

俺が監督時代に掲げた「ＩＤ野球」をもっとも深く理解していた一人が宮本だった。彼は目のつけどころが的を射ているんだよ。あまり口数は多いほうじゃなくて、とにかくじーっと見て相手を観察していたね。いつからか、配球を読んで打てるようになっていた。そういう野球センスがあるんだよ。

考えながら時間をかけて、課題だった自分のバッティングを完成させたことで、40歳過ぎてから2000本安打も達成した。ゴールデングラブ賞を10回獲得した守備力は期待どおりだったしな。

1~2年の短期契約では指導者は育たない

去年（18年）の6月に、ヤクルトが3―2で勝って5連勝したとき、試合後に宮本に電話をしたんだよ。「今日は良かったな」と言ったら、「野村ノートを見直しながらやってます」なんて言ってたな。だから、「早く監督になれよ」と言ったんだ。そしたら「こればかりは巡りあわせですけど、そうなれるように日々勉強します」と。まあ、彼ならなれるだろ。今も監督修業みたいなもんだしな。

俺が今もし、どこかの監督をやるなら、ヘッドコーチには宮本を置いて、次期監督としてしっかり教育すると思う。いま、そういうことをしている監督いないでしょ。目先の勝つことばかり追っかけて。巨人が特にそうだろ。原は阿部（慎之助）を横に置いて教えなきゃ。指導者を育てないと、日本の野球はそのうち終わっちゃうよ。

あと、監督が育たない理由のひとつに、在任期間が短すぎるってこともあるんだよ。結果が出なければ1、2年でクビだろ。3年契約すら珍しい。まあ、俺たちのときの鶴岡さんのように23年もやることもないけど、1年単位でコロコロ変えてたら、監督は育ちませんよ。

比較的最近、長く続いた例でいうと、巨人の原が一回目の2年と二回目の10年を足して12年。で、今年（2019年）から三回目か。あとは梨田（昌孝）が、近鉄、日本ハム、楽天と合わせて12年か。伊東（勤）も西武とロッテを合わせて9年やっているな。それくらいだろ。そのくらいの長期スパンの中で指導者は黄金期というものを作っていくんだよ。

かく言う俺も、ヤクルトで9年やって、リーグ優勝4回、日本一が3回。黄金時代と言っても差し支えないだろ。あれも、相馬（和夫）さん（当時のヤクルト球団社長）から要請を受けたときに俺はこう言ったんだよ。

「監督をやらせて頂けるなら、1年目は土を耕し、2年目は種をまいて育て、3年目で花を咲かせたいと思いますが、それまで待っていただけますか」

そしたら「すべてお任せします。好きにやってください」と。それで補強から人事まで全面的にサポートしてくれた。そうでないと監督は仕事ができないし、中長期的に強いチームを作ることはできない。そういう意味で今、一番いいのはソフトバンクだろうな。オーナーの孫さんが、金は出すけど口は出さないという。最高だろ。あの姿勢だよ。トップがああだと現場もやりやすいだろうな。

宮本がもし花粉症でなかったら

いつだったたか、俺が日本シリーズか何かの解説で球場に行ったら、孫さんが放送席にわざわざ来て、あいさつしてくれたよ。俺も長いこと球界にいるけど、オーナーから直接あいさつされたのは初めてだ。恐縮したわ。

逆に、俺が楽天の監督のときなんか、オーナーが口を出してきただろ。ああなると終わりだよ。辞めるときに、オーナーじゃないけどフロントにあいさつに行ったときに、「わたしをクビにするのは勝手だけど、間違いなく最下位になりますよ」って言ったんだ。「うぬぼれるな」みたいな顔してたけど、そのとおりになったからな。あれは一番気持ちよかった。

まあ、何が言いたいかというと、宮本が監督になるときには、球団は長い目で見てやってくれってことだよ。1年、2年で結果が出ないからって代えちゃったら、彼も指導者として成長できないし、黄金期を作ることはできんよ。

それと、知らなかったんだけど、宮本はすごい花粉症だったらしいな。どっかの記者に聞いたんだが、春先のデーゲームなんか、涙ぐんじゃってプレーに集中できず、大変だったらしい。

特にヤクルトはホームが神宮球場だから、「神宮の杜」って言われるくらい周りに樹木が多いし、春は強い風が吹く。ホームでの試合が一番つらかったらしい。だから、もしも花粉症じゃなかったら宮本の現役生活はもう少し伸びてたかもしらんな。

もしも……

古葉竹識が南海でコーチ修業を積んでいなければその後の赤ヘルブームは起きていなかった

古葉竹識といえば、カープを球団史上初のリーグ優勝と日本一に導き、赤ヘル黄金時代を築いた監督として有名だけど、実は現役時代の最後の2年を南海でプレーし、引退後も俺の下でコーチをやっていたことを、意外に知らない人が多いんだよ。

古葉は俺より1つ年下で、1958（昭和33）年に広島へ入団して、1年目からレギュラーを獲得。63（昭和38）年には巨人の長嶋とも首位打者争いをしているんだよ。もっとも、最後の最後に、大洋戦で顔にデッドボールをくらって、あごの骨が割れちゃってね。それで、長嶋にタイトルを持っていかれちゃって気の毒なことをしたんだけど、古葉もその年のベストナインに選ばれている。

その後、古葉が12年目くらいの年に、当時の広島の根本（陸夫）監督とうまくいってないという話も聞いてたんで、トレードで南海に来てもらった。正直、選手として期待していたというより、彼は優れた指導者になれると思っていたんだよ。古葉自身も関係者から「パ・リーグの野球も勉強しておいたほうがいい」と言われていたらしい。

それで、2年プレーして引退してから、最初は二軍コーチを引き受けてもらい、翌年は一軍で守備・走塁コーチをやってもらった。当時の南海は、俺が選手兼監督で、ヘッドコーチがドン・ブレイザーという体制。ブレイザーは、「考える野球（シンキング・ベースボール）」という概念を日本へ持ち込んだ人物で、俺自身も彼からは影響を受けた。いわゆる「ＩＤ野球」というのは俺の代名詞になっているようだけど、その源流はまちがいなくブレイザーにあると言っていいと思う。

「緻密な野球」をホークスで学んでいった

当時、チームとして取り組んでいたのは、ひとことで言うと「緻密な野球」。どんなミスも見過ごさず、一つひとつのプレーを妥協することなく突き詰めていった。キャッチャーから出るサインは、ピッチャーだけじゃなくて、セカンドとショートにも確認をさせる。そうすることで、打った球がどっちへ飛ぶか、ある程度は予測できるからね。それで守備位置を微妙に変える。実際にそれでアウトになる確率は増えるんだよ。その積み重ねが勝ちにつながる。今でこそあたりまえかもしれないけど、当時はチーム全体でそんなことをしていたところはなかった。画期的な野球だったんだよ。古葉も衝撃を受けたようで、それを貪欲に吸収していったんだ。

彼としても、ファーム（二軍）の指導も経験できたし、アメリカ流のデータ野球にも触れることで、いろいろなことを学ぶことができたはずだ。よくナイターが終わってから、監督室で古葉と、ああでもないこうでもないと、夜中まで話しこんだもんだよ。彼もそういう野球脳の人だったんだろうな。

そして73（昭和48）年、前期は南海が、後期は阪急が優勝し、プレーオフでは南海が3勝2敗で勝って日本シリーズに進んだ。シリーズでは巨人に1勝しかできずに終わったけど、リーグ制覇できたのは古葉の貢献も大きかったと思っている。

南海で学んだ野球をカープに導入した古葉

ところが、シーズン終了後に、カープの関係者から古葉に連絡がいって、「コーチとして広島へ戻って来い」と言われたらしく、俺のところへも相談に来たんだ。俺としては、指導者として南海に長く残ってもらい、チーム作りに協力してもらうつもりだったからね。かなり強く引き留めたんだけど、まあ最後は仕方ないということでね。

そういうわけで彼は広島へ戻り、1年コーチをしてから、翌75（昭和50）年4月にルーツ監督がチームと揉めて退団してしまい、そのあとを受けて監督に就任した。そしたら、前年に最下位だったカープを、いきなり優勝させた。

古葉は優しそうな顔をしてるけど、指導者としては厳しかった。ただ、おだて方もうまかったんだ。アメとムチを上手に使ってた印象があるな。「顔は古葉スマイル、足は古葉キック」とか言われたりね。俺には「いい経験をさせていただきました」と言ってくれたよ。あいつだけだろ、今の日本球界で俺に感謝してくれてるのは（笑）。

もしも……

広沢克己がFAで巨人に移籍していなかったらヤクルトの監督になっていた

広沢は1984（昭和59）年のドラフト1位で明治大学から入団した。監督は当時、武上（四郎）だったけどな。俺がヤクルトの監督になるのは90（平成2）年からだから。

1年目から打率2割5分、18本塁打、52打点。ま、ルーキーとしては上々だろ。すぐレギュラーに定着したし。80年代後半から90年代半ばまでの、いわゆるヤクルトの黄金期を、池山（隆寛）らと支えてくれた中心選手の一人だ。

「90年代半ばまで」というのは、ご承知のとおり、FA宣言して94（平成6）年のオフに巨人にいってしまった。ついでにあのときは、（ジャック）ハウエルも巨人に引き抜かれたんだよ。まあ、それでもうちはその穴をうめて、翌95（平成7）年は全カード勝ち越しでリーグ優勝してるけどな。言ってるだろ、優勝というのは強いか弱いかで決まるんじゃない。優勝するにふさわしいかどうかで決まるんだよ。

巨人のやってることは昔から同じだよ。人気と資金にモノを言わせて、主力選手を片っ端から獲ってくる。ところが獲った選手を使いこなせない。それで使い捨てだ。手前味噌だけど、広沢は俺からいろんなことを学んだはずだよ。こっちもいろいろ教えた。まあ、もちろん広沢だけじゃないけどな。

俺が書いた本で『野村ノート』（小学館）というのがあって、野球に対する考え方や戦術などを細かく示しているんだが、本が出るずっと前から、ミーティングでそういうことをボードに書いたりして、選手たちに教えていた。

簡単に言えば、才能で劣る選手が集まった弱いチームが、巨人みたいにスターが揃った強いチームを倒すには何をすべきなのか、そのために相手の心理をどう読み、データを活用するか。だから、形にならない力だな、そういうものを駆使していって、力で上回るチームに勝つ。根本はそういうことだ。

そういう考えは、広沢には当初まったくなかっただろうし、言い換えればヤクルトでそれを学んだと思う。それまでなかった「相手の立場になって考える」という発想、広沢ならキャッチャーの心理になって配球を考えるとか、そういうことをヤクルトで学んでいるはずだ。実際、本人もいろんなところでそう言ってるようだ。

大反対した巨人への移籍

ところが、さっき言ったようにＦＡで巨人へ行くわけだよ。球団と金のことで揉めてたらしいから、そっちの不満もあったろうし、長嶋から直接誘われて舞い上がったんだろう。自分も一度は巨人でやりたいって。

１年目は全試合（１３１試合）に出て、２割４分、20本塁打、72打点と、まあ、平凡な成績を残して、翌年はケガしてほとんど出てない。巨人在籍の５年で、１００試合以上出られたのは２回（95年の１３１試合、97年の１２６試合）、本塁打が２桁いったのも２回（95年の20本、97年の22本）。打率も規定打席に達して３割いったことは一度もなかったな。贔屓目に見ても、あのＦＡは失敗だった。ＦＡは失敗の方が多いんだ。

俺は止めたんだよ、巨人になんか行かない方がいいって。お前には合ってないって大反対したんだ。ヤクルトではお山の大将みたいな存在だったけど、巨人に行ったらそうはいかんからな。スターの集まりだから。

本人も、長嶋監督の期待に応えようとして、よそゆきの野球をやってしまったって言ってたらしい。自分の持っている以上のものを出そうとして力んでたって。最高でも100%なのに、120%の力を出そうとしたって無理なんだよ。力のない選手が、力のある選手に勝つ術を、ヤクルトで学んでいったはずなのにな。

それに、「ヤクルトで終われば監督の芽もあるぞ」とあいつに言ったんだよ。生え抜きの中心選手で、ほぼ不動の4番だったしな。成績も十分残した。最初のうちは勝手なプレーが多かったけど、年々いいリーダーになりつつあった。実際、「広沢監督」の芽はあったんだよ。ま、ついてない奴は間違った道へ行くよな。最後は本人が決めることだ。

そういえば、いつだったか、あいつから空気清浄機をもらったことがあるんだよ。広沢はお世話になった人に、なぜか空気清浄機を贈るらしい。あれ、どういう意味なんだろうな。一回本人に聞いてみたいんだけど。

もしも……

昭和44年7月12日の近鉄戦で乱闘騒ぎになっていなければプレーイングマネージャー野村克也は誕生していなかった

南海というチームは、鶴岡さんの一人天下の時代が長く続いて、鶴岡さん自身も「ミスターホークス」とか「ドン鶴岡」とか呼ばれていた。なんせ20年も南海で監督をやっていたからな。ホークスの象徴的な存在だった。

その鶴岡さんが1965（昭和40）年についに勇退し、後任監督にヘッドコーチを6年やった蔭山和夫さんが就任したんだが、わずか4日後に急死してしまった。当時の新聞には「ぽっくり病」なんて書かれてたけど、今でいう急性副腎皮質機能不全という病らしい。まだ38歳だった。急死の一報が入ったときは本当に驚いて、俺も蔭山さんの家に駆けつけたよ。

球界でも有数の理論派で知られていた。俺が鶴岡さんに精神論で怒鳴られたときなんかも、「ノム、俺から監督には言っとくから」ってなぐさめてくれたりね。どれだけ救われたかわからない。阪急の監督だった西本（幸雄）さんから、ヘッドコーチになってくれと頼まれたこともあるらしい。ただ、南海の監督になる話も内々に出ていたので、丁寧にお断りしたと聞いている。

ところが、鶴岡さんが辞任する流れになっていたとき、鶴岡さんを慕っていた主力の何人かが引き留め運動みたいなことをやりはじめ、「辞める、辞めない」で揉めはじめた。蔭山さんからすれば、コーチ候補には声をかけてあったのに、身動きもとれずに、だいぶ精神的に追い詰められていたらしい。飲めない酒をあおったり、そういった心労が重なっていたことも急死の背景にあったと聞いている。

鶴岡さんは南海を辞めた後、サンケイ（現ヤクルト）か東京（現ロッテ）の監督になる話になっていたらしいが、急遽戻ることになり、そこからまた3年指揮をとることになる。戻るとなると、それはそれでまた揉めてな。「チームを捨てた人が今さら」という批判も出たりで、まあ、なかなか大変な時期だった。

その鶴岡さんの後、69（昭和44）年の指揮をとったのが飯田徳治さん。現役時代は蔭山さんや木塚（忠助）さん、岡本（伊三美）さんらと「百万ドルの内野陣」なんて呼ばれててね。俺が二軍のときの4番バッタースーパースター。俺なんか話しかけられないくらいの人だった。存在感もあったよ。ただ、監督としては結果を出すことができず、そのシーズンは戦後初の最下位に終わり、責任をとって一年で辞任。その次に俺のところへ監督要請が来るわけだ。

監督人事も最終的には学歴がモノをいう

オーナーの川勝（傳）さんが直々にやってきて、「南海の再建を託せるのは君しかいない」と熱心に口説かれた。ただ、俺も当時、34歳で現役バリバリで4番を打ってたし、蔭山さんや鶴岡さんのときのゴタゴタも目にしているから、とてもじゃないけど、監督なんて大変な仕事は引き受けられない、現役一本でいかせてくれと言ったんだが、最後はオーナー命令みたいになって、押し切られた格好だ。

ただ、その一方で、鶴岡さんは俺を監督にすることに反対だったらしい。彼はチームを離れていたとはいえ、監督人事にも影響力を持っていた。「ドン鶴岡」の時代が20年続いたくらいだから、ベテラン選手やコーチの中には〝鶴岡派〟が一定数いたし、この人たちと鶴岡さん本人が首を縦に振らなかったという話も聞いている。

なんだかんだ言って、野球も学歴社会だ。監督になる人はみんな大卒。鶴岡さんとしたら、テスト生あがりの俺が、南海という伝統ある名門チームの監督なんて、とんでもないという考えがあったんじゃないか。

ちょうどその年の日本シリーズ、阪急と巨人だったと思うけど、俺と鶴岡さんが解説に呼ばれてね。席が隣りだったんだよ。鶴岡さん、デーンと座ってるわけだ。そこで、「ご存じと思いますが、監督の要請を受けていまして、鶴岡さんのご意見を伺いたく。ついてはお宅にお邪魔してよろしいですか」って丁寧に聞いたんだよ。そしたら返ってきた返事が、「おまえ、監督ってどういうのかわかってるのか！」だからな。こらあかんわと。行く必要ないと思ったよ。俺なんかに監督やらせたくないって気持ちが思いっきり態度に出てた。

鶴岡さんは、杉浦にやらせたかったんだろ。杉浦は立教のエースとして入団したんだが、そのときに「将来は監督にする」くらいの空手形は切ってたのかもしらんな。実際、その前にも杉浦を引退させて自分の後任にしようとしたという話もあったようだが、コーチ兼任でやってた杉浦の評判がいまいちだったとかで、つなぎの形で飯田さんが監督になったという経緯もあったようだ。

それ以外に候補として名前があがっていたのが、元巨人のスターで、阪急ではヘッドコーチもした青田昇さんとか、元中日の西沢（道夫）かな。あとは、俺が4番の座に座る前に、60年代に南海の4番として活躍した穴吹義雄さんが、杉浦の「成長待ち」でつなぎとして就任するという話もあったと聞いてる。

要するに、俺以外にも候補はたくさんいたし、むしろ「野村にだけは」という反対意見も多かったということだ。

本塁上のラフプレーに思わず激昂

そういったいろんな人間模様の中で、俺は兼任監督という形で引き受けることになるわけだが、「もしかして、あれがなければ俺の監督はなかったかも……」と思う出来事がある。69年7月12日の近鉄戦のことだ。日生球場だったと思う。監督は飯田さんだ。

あの日、南海は2回まで0―2で負けていたんだが、3回に俺が14号の2ランを打って同点に追いついた。そのあと再び1点をリードされるんだが、広瀬（叔功）のタイムリーでまた追いつく。〝事件〟となるのは5回裏の近鉄の攻撃。2死二塁というピンチの場面で、3番の永淵（洋三）が打った打球は二塁内野安打になった。

守っていたブレイザーは守備の名手で知られていたけど、捕球するときにちょっと体勢が崩れたんだな。それを見た二塁ランナーの岩木（康郎）が、コーチが止めてたのに本塁に突っ込んできた。キャッチャーは当然、俺だよ。

ブレイザーからの送球を受けてタッチしようとしたら、タイミングは完全にアウトなのに強引にぶつかってきた。岩木という選手は、大阪の浪速高校から近鉄に入ってきたキャッチャーでね。よく言えば気持ちが強いというか、悪く言えば荒っぽいというか（笑）、そんな先入観が俺にもあったのかもしれない。

余談だが、岩木はこの試合の8年後、77（昭和52）年の日本ハム戦で、ブルペン捕手として帯同していたのに、本塁上のクロスプレーで起きた乱闘に入っていって、相手の選手をぶん殴って退場になるんだよ。「登録外選手の退場処分」といって、球界では知る人ぞ知るけっこう有名な事件だ。なので、そういう荒っぽい性格であることは確かなんだ。

そんなイメージがあったせいか、俺も瞬間的に「こいつ、俺を本気で潰す気だな」と思い、反対にやり返してやろうと、タッチのときに肘打ちを食らわせたんだよ。岩木も怒るわな。それで乱闘だよ。昔は乱闘が多かったわ。今は仲がよくておとなしくなった。

負傷欠場が原因でチームは最下位に

結局、試合は9対3で南海が勝ったんだが、俺はそのときのクロスプレーで左肩を脱臼して骨も折れてしまった。その後、13試合も欠場することになり、1週間後にはじまったオールスター戦にも欠場。それまで12年連続で俺は出てたんだよ。たしかあれは、カネやんにとって最後のオールスター戦だった。それと、もっと深刻なのがシーズン30

本塁打と、シーズン100安打の連続記録が途切れてしまったことだよ。俺にとっての「連続」がぜんぶ切れてしまったということだな。

後悔した。プロとしてもっと冷静になって、岩木の体当たりなんかヒョイっとかわしてタッチしていれば、なんにも問題なかったんだ。俺も若かったんだろうけど、一瞬の激昂の代償の大きさだよな。後悔先に立たずだ。

ただ、あまり知られてないんだけど、岩木はあとで、俺の家まで謝りに来たんだよ。本人も悪いとわかってたんだろ。ああいうところはキャッチャーらしいな。

なんにしても、こういったこともあって、その年のチームは戦後初の最下位に。飯田さんは責任とって監督を辞任するわけだ。今思い返しても飯田さんには申し訳なかったと思ってる。悪いことをした。あそこで俺がムキになってケガをしていなければ、最下位はなかった可能性もあるし、飯田さんも辞任していなかったかもしれない。

そして、その後任人事で俺に監督の要請が来るわけだから皮肉なもんだ。人生どこでどうなるかわからないよな。南海で兼任監督を受けていなければ、その後のヤクルトや楽天などでの監督人生もなかった可能性がある。わからんもんだよ。

第5章　その他雑談

もしも……

テッド・ウィリアムズの著書に出会っていなければ野村克也の野球選手としての成功はなかった

プロ4年目、1957（昭和32）年に、ホームランを30本打って初タイトルを手にすることができたんだが、翌年と翌々年はともに21本で、打率も3割2厘から2割台半ばへ、ガクッと数字が落ちた。

当時の俺はカーブが打てなくてね。真っすぐを待っているときに曲げられると、まず空振りしてた。だから、ストレートを待ちつつ、変化球に対応するという形を目指したんだけど、これがうまくいかない。とにかく三振してた。ちなみに、低迷した5年目と6年目の三振の数は、それぞれ94と98だったな。

4年目よかったのに5年目から打てなくなったのは、本塁打王になったことで、相手チームも俺のことを研究したんだろうな。それで、こいつカーブ打てんやないかって気づいたんだろ。

で、どうしたら三振を減らせるかと悩んでいたとき、メジャーにテッド・ウィリアムズという、打率4割台を3度記録している伝説的な選手がいるんだけど、この人が自ら極めたバッティングの奥義を記した『バッティングの科学』という本があってね。

それを、たまたま手にして読んでたら、「ピッチャーはキャッチャーとのサイン交換が終わったとき、次に投げる球種を100%決めている。それは投げるときに、必ず『小さな変化』となって表に出る。したがって、相手ピッチャーが振りかぶったとき、わたしは投げる球が7割以上わかる」って書いてあったんだ。「えっ」と思ったね。

「小さな変化」ってのは、つまりクセだよ。ピッチャーはみんなクセがあって、カーブならカーブを投げる前にクセが出るってんだ。本当かよと思った。ピッチャーが投げるとき、真っすぐと変化球では握りが違うから、投球の構えにも微妙な変化が生じるんだと。ホントにあるんかいなと思って、次の日の練習のとき、ブルペンに行って見たら、たしかにわかるんだよ。

ストレートを投げるときと変化球のときは、ボールを握るしぐさも、振りかぶったときのグローブの位置や角度も違う。「本当だ、なるほどこれか」と。

あらかじめカーブが来るってわかってれば、そりゃ打てるわいな。いや、必ずとは言わないまでも、確率は飛躍的に高まるわな。

俺は現役時代、典型的なヤマ張りバッターだったけど、そうなったのは実はここからなんだよ。だって、それまでは「ストレートを待ちながら変化球が来たら対応する」っていう器用なバッターを目指していたわけだから。だから、ここが野球人・野村克也にとって大きな分岐点になったわけだ。

大きかった尾張スコアラーの協力

誤解しないでもらいたいのは、「ヤマ張り」というのは、あてずっぽうの「ヤマ勘」とは違う。しっかりとした根拠があって、それに基づいてヤマを張るのは、これは論理だよ。じゃ、どうしたらその根拠を確固たるものにできるか。

ある試合の遠征先で、たまたまだったと思うんだけど、俺はスコアラーの尾張久次さんの部屋に行って話していたんだ。尾張さんはうちへ来る前は大阪毎日新聞の記者をやってたんだけど、いわゆる「考課表」といって、選手の契約更改のための資料があるんだけど、そういうのを作るスタッフとして南海へ入社してた。「もしも」の括りで言うなら、この尾張さんの存在も非常に大きかった。

尾張さんは、毎日新聞時代に、仕事の合間に自分で勝手に、選手ごとの得意な球種とかの傾向を調べることをしていて、その話を鶴岡さんにしたらしいんだ。そしたら鶴岡さんが「うちへ来い」って言って、45歳で南海の専属スコアラーになった。

当時のスコアラーってのは、選手交代のミスがないようにスコアブックをつけるくらいが役目で、今のような役割とは全然違ったんだよ。

尾張さんは、いつもバックネット裏でデータを取ってたんだけど、そのときちょっと見せてもらったら、まぁ実に細かく記録してんだ。これは……と思って、「すいませんが、俺の打席のときに相手ピッチャーが投げた球種とコースを全部つけてもらうことできますかね」って聞いたら、「お安い御用」って二つ返事で引き受けてくれた。これが大きかった。

このとき「忙しくて難しい」とか、「そんなことできません」って断られたら、今頃どうなってたかね。あるいは、鶴岡さんに誘われて南海に来ていなかったら、と考えたらゾッとするよ。尾張さんは16ミリフィルムを回したりして、緻密にデータをとってくれた。彼は日本のプロ野球史における、第1号のスコアラーと言っていいと思う。本当の意味でのスコアラーね。

初めて知った「ボールカウント12種類」

俺は尾張さんが作ってくれた記録を、毎晩家へ持ち帰って精査した。そしたら、いろんなことが見えてきてね。たとえば、ボールカウントが12種類あるってこと。0―0からはじまって、当時はストライクが先だったから、0―1、0―2、0―3と3種類あるでしょ。で、次に1―0、1―1、1―2と数えていくと、12種類のパターンがあるわけだ。これは目から鱗だったね。

それで、12種類のパターンの中で、相手が投げた球種、コースを記録にとっていくわけだ。もう、仕事というよりおもしろかった。データにハマっていったよ。

そのうち、0―2からのインコースは100%無いとか、ストレートが何球続くかについても、三拍子が多いってことに気づいた。たとえば、真っすぐ、真っすぐ、カーブとか。あるいはカーブ、カーブ、真っすぐとかね。

それで、ピッチャーのクセ、俺に対する配球の傾向、バッテリーの傾向なんかをいろいろ調べていって、そのうえで「次に何を投げるか」でヤマを張る。これがバッチリ当たった。

7年目はホームランを29本にまで伸ばし、打率も2割9分台、三振も前年の98から77まで減らすことができた。そこから円熟期に入り、翌61（昭和36）年からは8年連続のホームラン王という時代が続くことになる。

振り返ると、テッド・ウィリアムズの本に出会って、野球に対する考えがすべて変わり、当時は誰も注目してなかったクセやデータを研究することを知った。そして、尾張さんというスコアラーに協力してもらうことで、それを理論として形にできた。彼らの存在がなかったら、野村克也という選手の成功はなかったよ。

もしも……

ビデオ判定が昔もあったら巨人はもっとたくさん負けていた

2018（平成30）年からプロ野球にリクエスト制度というのが導入されただろ。前からホームランの判定だけはビデオでやってたけど、新しい制度で適用範囲がだいぶ広がった。ただ、俺はあれ、好きじゃない。去年（18年）も500回以上使われたらしいけど、ああいうルールに慣れると、闘争心がなくなるというか、野球が悪い意味で優しくなると思う。野球の魅力が一つ失われるよ。

俺たちがやってた時代は、誤審による事件がいろいろあった。特に、日本シリーズのような大舞台で起きたことは、今もよく覚えてる。有名なのが、1961（昭和36）年の南海と巨人の日本シリーズ。球審が円城寺満さんだったので、世間的には「円城寺事件」なんて呼ばれてるようだけどな。

あれは1勝2敗で迎えた4戦目で、試合は3対2でリードしたまま、9回裏の巨人の攻撃を迎えた。そしたら、うちの内野がポロポロやりだして、2アウト満塁になり、バッターは宮本敏雄さん。ハワイ出身の人で、王より先にリポビタンDのCMに出てたりして、人気もあった。たしか、このシリーズでもMVPになっているよ。

で、そのときマウンドにいたのは、スタンカで、キャッチャーは俺。2ストライク1ボールまで追い込んだ後、真ん中低めに落ちる球、俺が「ゴロゾーン」と呼んでるところへ要求したら、ピタっとそこへ来た。キャッチして、よしゲームセットやと思ってマウンドへと向かおうとしたら、円城寺さん、「ボール」言いよる。冗談やろと。

ボールを地面に叩きつけて「どこがボールや！」と詰め寄ったんだけど、判定は変わらん。スタンカもマウンドから突進してきて、手を出すと退場になるので、両手を後ろに組みながら、円城寺さんに猛抗議してた。あとで映像を見たら俺、マスクも地面に叩きつけてたよ。

それでも判定が覆ることはなく、試合が再開されて、宮本さんがライトにヒットを打って逆転サヨナラだよ。巨人にとっては「劇的な逆転勝利」ということだ。

当時、セ・リーグでスタンカみたいなフォークを投げられるピッチャーはいなかった。円城寺さんはセ・リーグの審判なんで、あんな球を普段から見ていないんだよ。中日の杉下（茂）さんが投げてたのは、それより10年くらい前だからな。それでボールに見えたんだろうって、スタンカは後で言っていたけどな。

ただ、俺は「あ、こういうことか」と思ったよ。当時から「巨人戦は相手が10人いる」なんて言われてたからな。結局、そのシリーズは巨人が4勝2敗で日本一になる。「円城寺 あれがボールか 秋の空」なんていう川柳が流行ったりしてな。

腰を上げてしまったのは自分のミス

ただ、本当いうとね、当時の映像を見ると、俺はあのとき、捕球してすぐに腰を上げちゃってるんだよ、「終わりや」と思って。あれで円城寺さんから、ミットの位置が死角になったんじゃないかと思うんだ。

繰り返すけど、ストライクなのは間違いない。それは確か。だから誤審は誤審だ。ただ、俺が立ち上がったせいで、見えにくかった結果なのかもしれない。だとしたら、俺の未熟さがあったことも確かなんだよ。だからあの後、円城寺さんが世間から叩かれたでしょ。申し訳ないという気持ちはあったよ。

そのことを後年、テレビの企画で、アメリカに戻っていたスタンカにビデオレターみたいな形で伝えてもらったんだよ、「今も反省している」って。そしたら「まったく気にしていない。野球はいろんなことが起こる。捕手が野村さんでよかった」って彼は言ってくれたけどね。

まあ、ビデオ判定ではストライク・ボールの判定は適用されないから、昭和36年に制度があったとしても、あのフォークがストライクに変わることはないけどな。

ただ、俺がヤクルトの監督に就任した最初の年、1990(平成2)年の巨人との開幕戦。あれはビデオ判定があったら結果は大きく変わっていたよ。

問題となったのは、うちの2点リードで迎えた8回裏、巨人の攻撃。2アウトランナー一塁で、バッターは2番の篠塚(和典)。ここまで3打席とも内野ゴロで打ちとっていた。4打席目の篠塚は、内藤(尚行)の初球をライト方向に打ったんだけど、打球はポールの外側へ切れていった。やれやれと思ってたら、審判が手を回してんだよ。ホームランだって。それで同点。おい、ふざけるなと。俺が座ってた三塁側ベンチからだって、ファウルゾーンに落ちてくのがはっきり見えてた。あとで家に帰って録画も見たけど、思いきりファウルだった。あれを間違えるかね。実況してたアナウンサーも、スローVTRを見ながら「あ、これは……」って絶句していたじゃない。

そしたら、解説してたのが長嶋だったんだけど、「うーん、これは微妙ですねぇ」とか言ってる。微妙もなにも、誰が見てもファウルだろ。実際、篠塚も後にファウルだったと認めてるしな。あのときはガッツポーズまでして一周してたけど。打たれた内藤は、もうベターっと四つん這いになってた。あいつもファウルだとわかっていたから、冗談じゃないって気持ちだっただろ。

今も解せない謎の退場処分

もちろん俺は、ベンチを飛び出して猛抗議した。どこ見てんやと。そしたら審判、

「ポールを巻いて入った」と言い張りよる。どうポールを巻けばあんなとこに落ちるんだと。だから「物理的に証明してみろ!」と怒鳴ったんだよ。そしたら退場。審判に手を出したわけでもなく、「説明しろ」という当然の抗議をしただけなのにな。判定も判定なら、あの退場処分もいまだに意味がわからん。そんなことだから、セの審判は巨人びいきだと昔から言われるんだよ。

ちょうどあの年は、審判が6人制から4人制に変わった年で、判定を下したのは、大里(晴信)さんという一塁の塁審なんだよ、茨城出身の人で。たしか、この誤審が理由で、一時期だけど二軍落ちしてるはずだよ。

これがきっかけで、次の年から外野のポールが白から黄色に塗り替えられたんだけど、塗り替えなくたって十分見分けられるような打球だったと思うよ。

思えば、パ・リーグで現役だったときから、日本シリーズでは巨人寄りの審判には痛い目にあってきたわけで、セ・リーグの監督になって、またこういうことで苦しまなきゃならんのかと愕然としたね。今まで巨人は、一体どれくらいの試合を、こういう誤審で勝ってきたのかと思ったくらいだ。

結局、その篠塚の〝ファウル〟で巨人に同点にされ、延長14回裏に押し出しでサヨナラ負け。このシーズン5位に終わった責任を、すべてこの開幕戦のせいにするつもりはないけど、こういう形でスタートでこけたのは、選手にとっても俺にとってもかなり痛かったよ。

アメリカ嫌いだった田川球審

こういうことがあるからじゃないけど、やっぱり選手は審判を味方につけたほうがいい。敵に回すといいことない。特に俺はキャッチャーだったから、常に後ろに球審がいるじゃない。ときどき、わざと聞こえるようにブツブツ言ってみたりしたもんだよ。それを聞いた審判がいろいろ考えるだろ。判定に影響を与えるかもしれない。どれだけ効果あるかはわからんけど、可能性はあるじゃない。そういうことをしていたね。

実際に審判が、どれくらい自分の感情や、好き嫌いで判定をしていたかはわからんけど、そういう意味ですごく印象に残っている人がいてね。田川豊さんという人で、戦争が終わってすぐ、南海がグレートリングというチーム名だった頃からプレーしてた人で、俺にとっても大先輩なんだけどね。戦争では陸軍の大尉だったとかで、鶴岡さんに口説かれて入団したらしい。

引退してから審判になったんだけど、まあ破天荒な人でね。ある試合、俺がキャッチャーで、バッターは阪急のスペンサーだったんだけど、カウント2ストライクからの球が思いきり外れたんだよ。ああ、ボールかと思ったら、「ストライク!」って聞こえる。当然、スペンサーは抗議するだろ。そしたら日本語で「文句あんのか!」とかやり返してる。で、後で俺に「あんな奴らに（戦争で）負けたかと思うと頭きてしょうがねえ」とか言ってんだよ。あれは笑ったな。まあ、審判を味方につけることも、大事な兵法の一つであることは間違いないな。

そういえば、三原脩さんは、西鉄の監督時代、試合で福岡にやってくる審判たちに、中洲の店を手配したりして世話してたんだよ。「かといって西鉄をひいきなんてしない」と審判団は言ってたけど、咄嗟の判定で絶対に影響がないと言い切れるもんかね。審判も人間だよ。三原さんはそこをわかってたな。

もしも……

メジャーが球団数を増やしていなければ日本人選手はここまで成功していない

われわれが現役だった時代は、アメリカで野球をやるなんて発想はまったくなかったけど、今は日本人メジャーリーガーが珍しくない時代になった。野茂は全米にブームを巻き起こしたし、イチローはレジェンドになった。大谷の二刀流なんて、これからのアメリカの野球を変えてしまう可能性すらある。

巨人にいたマイコラスみたいに、巨人の菅野（智之）からフォームを学んでアメリカへ戻って活躍するなんてケースもあるしな。俺は1990（平成2）年からヤクルトの監督をやったんだが、レックス・ハドラー（93年に在籍）という選手がいて、彼は日本で1年やった後、アメリカへ戻ってエンゼルスなどで5年プレーした。何が言いたいかというと、彼に「考える野球」を教えたのは俺なんだ。本人が言ってたから間違いない。

こないだ、うちの孫（野村沙亜也＝エンゼルス球団職員）と会って、そう話してたとニュースになってたろ。まあ、日本の野球の影響力は小さくないってことだな。

今まで何人くらいの日本人選手がアメリカへ行ったのか、知り合いの記者に聞いたら、活躍できなかった人も含めると、50～60人くらいらしい。俺個人は、一流選手が海外へ流出するのは日本球界にとって損失だと思ってるけど、ファンは日本のスターがアメリカでどれだけ通用するかを見てみたいという気持ちが強いだろうな。

16チームから30チームに

ただ、はっきり言うんだけど、ここまで日本人が成功している理由は、あちらのレベルが下がったということもあるんだ。こういうことを言うと「またノムさんのボヤキかよ」と言われそうだけど、それは間違いない。理由もハッキリしてるんだよ。チーム数が増えたから。いわゆるエクスパンション（球団拡張）というやつだな。

俺が南海にテスト生で入ったのが54（昭和29）年なんだけど、当時の大リーグのチーム総数は16だった。それがどんどん増えていって、今や30だろ。将来的にはもう2つ増えて32チームになるらしい。チームが増えるということは、その分の選手をかき集めてこないとならない。これがどれだけ大変なことか。

日本では2005（平成17）年に楽天が創設されたとき、近鉄はオリックスと合併する形になった。その際、プロテクト（優先保有）がかけられた25選手を除く、80人くらいの選手を、楽天とオリックスで分け合う分配ドラフトが行われた。

余りもの、なんていうと大変失礼だし、いい選手もたくさん残ってたけど、それでもトップ枠の25人からは漏れた選手たちで、楽天は編成しないとならなかった。

実際、開幕してみたら、春先にロッテ戦で0―26という記録的な負け方をしたりで、その年は38勝97敗（1分け）で勝率2割8分。首位のソフトバンクとは51・5ゲーム差。まったくプロのレベルに達していなかった。

チーム数自体は同じ12で、増えたわけではない。それでも新しいチームが1つできたときに、戦力を整えるのはそれだけ大変だということなんだよ。

話を戻すと、メジャーの場合は新たに2チームも増えるわけだからね。「たった2チーム」と思うかもしれないけど、最大の問題は、ローテーションを組める先発ピッチャーなんだよ。先発というのは誰でもいいってわけにはいかない。最低限のレベルに達してなければ試合にならない。さっきの楽天の0―26じゃないけど、とんでもないことにもなっちゃうわけだ。

10人もの先発投手をどこから集めてくるのか

1チームに必要な先発が4～5人だとすると、2チームで10人。だけど、そんなのどこにいるんだっていう話なんだ。今でさえ足りてないんだから。

そうなると、極東の日本にも、今まで以上にスカウトがやって来ることになる。野手はともかく、投手ならそこそこ通用しそうなのが常に何人かはいるしな。高校球児の〝青田刈り〟も進むんじゃないか。意地の悪い言い方すれば、今までは通用しなかった選手でも、背に腹は替えられないから、妥協してでも契約しましょうという話だ。それでも足りなきゃマイナーから引き上げて、数だけ揃えるしかないからな。メジャーのレベルが下がるわけなんだよ。

17（平成29）年のオフに、ダルビッシュがFA市場の目玉になって、6年130億円だか140億円だかの大型契約を結んだと報じられたけど、あれだって先発が慢性的に足りていないからだろ。いいピッチャーかもしらんが、そこまでの価値があるとは思えんよ。実際、現地でも契約についてはけっこう叩かれたというし、今年（2019年）も苦しんでるようだしな。

メジャーでは最近、「オープナー」とかいって、救援投手が先発して1、2イニング投げてから、先発型の投手がロングリリーフしたり、最初から最後まで救援投手だけで小刻みに継投していくやり方が注目されてるけど、あれなんかも先発不足に悩むチームの苦肉の策だろ。いかに先発投手が足りていないかなんだよ。

昔なら3A以下の選手でもメジャーでプレー

ヤクルトの監督時代、ユマでキャンプをしたときに、元メジャーのキャッチャーで、レンジャーズやインディアンスなどで監督もやったパット・コラレスに臨時コーチを委託したんだけど、そこで彼に聞いたんだよ。

われわれの時代は、日本の打者としては最高峰の王貞治でさえ、2割7分くらいしか打てないとか言われてたのに、なぜ今はこんなに日本人が活躍できているんだって。

そしたら、彼もはっきり言ってたよ。「チーム数が増えすぎてメジャーのレベルが落ちた」って。16チームの時代には3Aレベルにも達していなかったような選手が、今は気持ちよくメジャーでプレーしているって。だからもう、「めちゃめちゃ」じゃなくて「メジャメジャ」だって俺は言ってるんだよ。ただ、彼は「日本の野球のレベルも上がった」とも言ってたけどね。だから、いろんな要素があるとは思うけど、一番の理由はメジャーの質が落ちたこと。これは間違いない。

今の時代は、メジャーの情報がテレビからもネットからも、どこからも入ってくるからな。俺が現役のときなんかは、チームメートだったブレイザーを飯に誘い出して、情報収集したりしたもんだけどな。日本人が海外へ羽ばたくには恵まれた時代になったということだよ。

もしも……

ファンとマスコミが心を入れ替えることができれば矢野監督の阪神は今よりずっと強くなる

春先に、今年（2019年）の順位予想をしてくれと言われて表を作ったんだけど（171ページ）、今、この話をしている6月の時点では、まったく当たってないな。はじまったばかりで、これからどうなるかわからんし、そもそも当たらなくたって、俺は気にしないけどな。

だってこんなの、テレビ局に頼まれたから作っただけで、たいして根拠ないんだから。俺だけじゃないと思うよ、ほかの解説者だってそうでしょ。わかるもんかって。何が起こるかわからんのだし。

まあ、野球はピッチャーだから、とりあえず先発が揃ってるということで、巨人を頭にもってきたのと、あとは最下位がDeNAという以外は流動的ですよ。

■2019年野村克也順位予想

順位	セ・リーグ	パ・リーグ
1	巨人	ソフトバンク
2	ヤクルト	西武
3	広島	日本ハム
4	阪神	ロッテ
5	中日	オリックス
6	DeNA	楽天

そうした中で、阪神がどうやら好調だな。6月5日の時点で、首位広島に3ゲーム差で2位につけてる。交流戦の初戦もロッテに11対3で大勝した。9回に代打でタイムリー二塁打打った原口（文仁）というのは、大腸がんから復帰した選手らしいな、若いのに。よく戻ってきたと思うよ。チームの士気も上がるだろ。

5月30日の巨人戦でも、延長12回、4時間半の試合でサヨナラ勝ちしてるんだけど、そういう勝ち方ができるとあきらめなくなるし、選手に自信もついていく。

阪神は、今年から監督が矢野（燿大）になったでしょ。彼は非常に礼儀正しい男でね。去年（18年）のドラフトの前日だったか、うちまであいさつに来たよ。こんど阪神の監督になりましたって。大阪から東京までわざわざ足を運ぶんだから、大したもんだ。野球人にとって礼儀は大事なんだよ。

「大変だけど頑張れよ」と、エールは送っといた。それと、「阪神は勝てば官軍、負ければボロカスの典型だから、覚悟しとけよ」ともね。金本（知憲）も、若手を使ってチームを変えていこうとしたみたいだけど、残念ながら育成がうまくいかなかったこともあって、辞めるはめになったな。彼も苦しんだろう。

ファンとマスコミがあまやかす老舗球団

俺も阪神の監督を3年（1999年〜01年）やったけど、まぁ普通のチームとは全然違う。独特だよ。いろんな意味でな。監督要請があったのは、ヤクルトの監督を辞任した98（平成10）年のシーズン終了直後で、翌年からNHKの解説をすることがもう決まってたんだよ。まったくの寝耳に水だった。

あのとき要請を断って、NHKの仕事を選んどけばよかったよ。俺は来るものは拒まずで、どこの球団でもオファーが来たら受けるという考えだったけど、阪神の監督だけは人生最大の失敗だわ。NHKにその話を言いに行ったら「野村さんはグラウンドのほうが似合います」とか言ってくれたけど、今考えたら引き留めてもらった方がよかったよ。

阪神は、ひとことで言うと典型的な人気先行型のチーム。勝てば全部が選手のおかげ、負けたら全部が監督のせい。記者がそうやって書くから、それを読んだファンが首脳陣を叩く。記者は選手の批判を書くと、嫌われて取材をさせてもらえなくなるじゃない。だから選手は悪く書かない、悪いのはすべて監督と球団フロント。

いくら負けて弱くなっても、人気はそのままでチヤホヤされるから、選手もそれに甘えてしまう。いや、甘えていることにすら気づいてない。変な体質が染みついてるんだよ。ファンとマスコミが選手を甘やかすという、悪しき伝統だな。それが阪神の最大の問題だと思うよ。

たとえば、東京の人は知らないだろうけど、関西のスポーツ新聞はいつも一面が必ず阪神のことなんだよ。サッカーの代表戦とかがあって、全国のスポーツファンがみんな注目して、新聞もテレビのスポーツニュースもそっちを報じてるのに、関西のスポーツ紙だけ「阪神のだれだれが二軍落ち」だからね。しかも、それが聞いたこともないような選手だったりする。だから、東京の人が大阪に出張に来たりして、スポーツ紙を見てびっくりするらしいよ。はっきり言うんだけど、阪神はファンとマスコミが考え方を変えないと、永久に強いチームにはならんよ。これは断言できる。誰が監督をやってもそう。むしろ引き受けた監督がかわいそうだ。

それと、これも不思議というか独特というか、阪神は「監督が一番上」という雰囲気がないんだよ。ファンとマスコミに甘やかされているせいか、選手のほうが監督より上のような意識を持ってる。したがって監督の指示も素直に聞こうとしない。

俺はキャンプのときに、「ノムラの考え」という、野球理論を説いたものを配ったんだけど、選手だけじゃなく、コーチもこれに拒否反応を示すわけだ。それまでの自分たちのやり方が否定されておもしろくないのと、よそから来た人間にとやかく言われたくないという、悪い意味での老舗チームのプライドみたいなのがあったな。

ただ、矢野は今年3月、阪神の電鉄本社が主催した激励会で、「野村さんもよく『勝ちに不思議の勝ちあり、負けに不思議の負けなし』と言われていた」みたいなことを言ってくれたらしい。俺の言ったことが少しでも役に立ってくれたらうれしいと思ってる。

矢野の優しさが吉と出るか凶と出るか

矢野も、今は勝ってるからいいけど、負けがこむと叩かれるよ。だから、「マスコミ対策もしっかりしとけよ」と言っておいた。「わかりました」って苦笑いしてたけど。

矢野は真面目で優しい男だから、苦労も多いと思うんだよ。むしろ、優しすぎるというのかね。阪神みたいに、人気ばっかかで選手が成熟していないチームは、怖い監督のほうがいいんだ。実際、俺が監督を辞めるときに、オーナーに誰かいい人いませんかと聞かれて、「星野がいいんじゃないですか」と推薦したくらいだ。だから「星野みたいに鬼になれ」とも言ったんだけど、根が優しいから無理かもな。

さっき言ったロッテとの交流戦でも、大病から復帰した原口が二塁打を打ったあと、そのボールが記念球として阪神ベンチに返球されてきたとき、矢野が真っ先に出ていってキャッチしてたでしょ。ああいうの見てても性格わかるよ。そりゃあ、原口も意気に感じるだろうし、頑張ろうって気になるわな。

もしも……

南海の本拠地が大阪球場でなかったら野村克也の本塁打の数は、少しだけ減っていた

南海ホークスのホームグラウンドだったのが大阪球場（正式名は大阪スタヂアム）。今はとり壊されて商業施設になったみたいだけど。狭い球場だったんで、よく「野村のホームランは球場が狭いからだ」なんて言われたもんだよ。今、資料をみたら、両翼が91メートル、中堅が115メートルというから、たとえば西宮（球場＝正式名は阪急西宮スタジアム）よりは小さいけど（西宮球場は両翼101メートル、中堅118メートル）、じゃあ、狭かったら657本打てるのかっていう話だ。

いつだったか、張本（勲）が俺んとこ来て、「俺はもう本塁打王はあきらめましたよ」って言う。なんでだと聞いたら、「あんな狭い球場を本拠地にしているノムさんには勝てないですから」って嫌味を言いよった。いやいや、後楽園（張本が在籍した日本ハム

の本拠地）だって両翼が90メートルだったし、しかも実測したら88メートルにも届かなかったんだろ。あれ、けっこう問題になったよな。むしろ、それが理由で首位打者狙いに徹して３０８５本もヒット打ったんだから、俺に感謝してもいいくらいだろ。

だから、球場のことについては多少、言い分もあるけど、まあ何本かは減ってたかもしらんわな（隣接する南海難波駅の改修に伴う工事で昭和47年にグラウンドが拡大されており、それ以前は両翼が84メートルだったとの記録もある）。

たしかに、広い球場は好きじゃなかったよ。球場が広いと、俺のようなホームランバッターは遠くへ飛ばそうとして欲が出る。ところが、狭い球場だとムキになって叩かなくてもスタンドに入るとわかってるから、自然と力を抜いてボックスに立てる。それが８年連続本塁打王という記録にもつながったと思うよ。それも実力だろ。

それと、大阪球場の特徴の一つに、ファウルゾーンが狭いということがある。ファウル打つとみんなスタンドインするから、打ち直しできるでしょ。広いと捕られてアウトになっちゃうから。それが結果的によかったというのもある。川崎球場もそうだったな。あそこと大阪球場はファウルエリアが狭かった。

だから、阪神の選手なんかにうらやましがられたよ、大阪球場はファウルエリアが狭くていいなって。甲子園は広いからな。実際、南海の選手に比べると、阪神の選手は総じて打率が低かった。ファウルゾーンが広い球場だと、打率は上げにくいけど、ピッチャーは防御率を伸ばしやすい。だから昔から、阪神はピッチャーが育つけどバッターは育たないって言われたんだよ。

ただ、大阪球場は、土地柄もあってヤジはすごかった。大阪球場って、「すり鉢球場」とか呼ばれて、スタンドが急傾斜に設計されてたから、打球の音もそうだけど、客の声もよく響くんだよ。選手とスタンドの距離も近いし、まともにヤジが届く。客もそれを知ってるから、わかってて怒号を飛ばす。えらいもんだよ。

同じ関西でも、甲子園はそれほど聞こえないんだよ。実際はすごいのが飛んでるんだろうけどね、でも聞こえない。だからそういう意味じゃ甲子園はやりやすいやね。だいたい、大阪弁ってヤジに向いてるでしょ。「おいコラ、なにやっとんねん！」って。後楽園で東京の人から「おい、なにやってんだよ」って言われても腹立たんわな。関東と関西じゃファンの気質が違うよ。江戸っ子と関西人じゃヤジり方も全然違う。まず、大阪のファンって拍手しないんだよ。

後楽園で、「4番、キャッチャー野村」ってウグイス嬢がアナウンスすると、「わあ」って歓声が起きて、ビジターの俺にも多少は拍手が起こるじゃない。

ところが、大阪球場のファンは全然しない。ホームなのにな。ま、2打席くらい続けてヒットやホームランを打つと、3打席目のときにやっとパチパチってするくらい。あれも今思うとなんだったんだろな。そういう意味でも大阪はきついよ。よく「ファンの声援に背中を押される」とか言うじゃない。大阪はまずなかったからね。これ冗談じゃなくて（笑）。だから俺、東京遠征は好きだったよ。

甲子園の歓声が西宮にまで聞こえてきた

それ以外の球場でいうと、阪急の拠点だった西宮球場ね。あそこは阪急沿線で高級住宅街にあるから、ファンがおとなしいわね。加えて阪急は選手もおとなしいからな。土地柄がまともに出るんだよ。

それで、客もいつもガラガラでしょ。あの頃のパ・リーグはいつも閑古鳥だったから静かなんだよ。一方で、お隣の甲子園はいつも満員じゃない。特に巨人戦のときなんか客がいっぱいで。そういうときに西宮で試合してると、風向きによって甲子園の歓声がかすかに聞こえてくるんだよ。これ、言っても信じない人が多いんだけど、嘘じゃないから。それくらい閑散としてたし、静かだったよ。

あとは、西鉄の本拠地だった平和台（球場）ね。ここももう取り壊されてるけど、福岡はファンが荒っぽくてな。大阪から遠征に行って、うち（南海）が勝つと、ファンが出口をふさいで帰さないんだよ。西鉄が勝たないと納得しない。

じゃあ、負ければ気持ちよく帰してくれるかというと、「ざまあみろ」と大騒ぎだろ。勝っても負けてもダメだった。こんなこと言ったらなんだけど、ビジターからしたらひどい球場だったよ。はっきり言って、いい印象はないね。

プレーに集中できるのは関東の球場。後楽園球場は雰囲気がよかったな。東京のファンっておとなしいというか、やっぱり紳士的だから。さっきも言ったけど、敵チームでもいいプレーすれば俺にも拍手するしな。きついヤジも一切飛ばない。

書いて字のごとく「野の球」が野球

今はドーム球場が珍しくない時代で、両翼100メートル、中堅120メートルくらいの球場が増えた。広島の球場（マツダＺｏｏｍ-ＺｏｏｍスタジアムPlaceholder広島）なんかは、もうちょっと広いようだしな。ただ、俺はドームというのはあまり好きじゃないね。

単純にお日様の下でやるのが理想的ってのもあるけど、もともと野球というのは、風向きや太陽の位置なんかをいろいろ考えながら、それを利用して勝つスポーツだと俺は思ってるから。だから弱いチームが強いとこに勝てるんでね。

だって、文字を見ればわかるじゃん。「野の球」って書くだろ。ドームは見栄えはいいけど、要はドでかい体育館みたいなもんじゃない。屋根を閉めるから天然芝も育たないし。天然芝のほうが選手寿命は延びるしな。

最近は、日本もメジャーも天然芝の球場が増えてきてるらしいし、そっちの方向に進んでいったほうがいいと思うよ。

もしも……

野村克也が南海を解雇されていなければ「江夏の21球」も「新庄の敬遠打ち」も起きていなかった

1977（昭和52）年オフ、俺は42歳のときに、南海の監督兼選手を解任されて、ロッテに拾ってもらうことになるんだが、そのとき、俺を慕ってくれてた江夏（豊）と柏原（純一）も、野村さんと行動をともにすると言ってくれて、球団側に「自分たちもトレードに出してくれ」と迫ったんだ。泣かせる話だよ。

江夏は阪神時代、心臓疾患や血行障害が悪化して、肩や肘も痛めて勝てなくなってきてたんだが、俺はリリーフ専門のピッチャーに転身すれば、まだ十分すぎるくらい活躍できると確信してた。75（昭和50）年10月の広島戦、満塁の場面で、江夏がフルカウントからボール球を投げ、空振り三振をとった場面を観戦して、すごい奴だと思ってね。誤って外れたんじゃなく、満塁の場面で意図的にボール球を投げたんだよ。俺には見ててそれがわかった。ほかの人は誰もわかってなかったと思う。

彼は阪神で引退するつもりで、最初は移籍を渋ってたけど、俺が会ってその話をしたら納得してくれたよ。日本球界でリリーフの地位が飛躍的に高まったのは、手前味噌だけど、俺と江夏の功績だと思ってる。南海に来てからも、俺とはいつも野球の話ばかりしていた。そういうところに恩義を感じてくれていたんだろうな。「野村さんが辞めるなら、自分も出してくれ」と言って、広島に金銭で移籍したわけだ。

柏原は、熊本の高校からドラフト8位で南海へ来てもらったんだが、俺に育ててもらったという思いを持ってくれてたようで、「野村さんと同じロッテへ移籍させてくれ」と球団にかけあった。ただ、南海は日ハムとのトレード話を進めていて、願いかなわず、柏原は日ハムへ移籍したわけだ。

その後の2人の活躍は、詳しく説明する必要もないだろ。江夏は古葉監督が率いる広島でリリーフエースになり、79（昭和54）年と80（昭和55）年の2年連続日本一に貢献し、赤ヘルブームを巻き起こす原動力となった。しかも79年にはリリーフ投手としては初となるシーズンMVPにも輝いた。時代を変えた投手と言っていいだろうな。

広島時代の江夏といえば、79年の日本シリーズ最終第7戦で、9回裏無死満塁のピンチをしのいだ「江夏の21球」があまりに有名だけど、考えてみたら、もしも江夏がトレード志願をして広島へ行ってなかったら、球史に残るあのドラマも起きていなかったことになるな。

新庄に敬遠悪球打ちを受け継がせた柏原コーチ

柏原も日ハムのレギュラーに定着して活躍したけど、彼に関しても、ちょっとした「もしも」の話がある。彼は81（昭和56）年7月の西武戦で、ピッチャーの永射（保）が敬遠のつもりで投げた球を、大根斬りで打ってホームランにしてるんだが、後にこのプレーを別の選手に〝継承〟してて、それが球史に残る珍事件として語り継がれてるんだよ。

99（平成11）年6月の巨人対阪神戦で、4－4で迎えた延長12回裏、1アウト一、三塁で4番新庄の打席、巨人は満塁策をとろうとして、槙原に敬遠のサインを送ったんだが、中途半端なところにボールがいって、新庄がこれを打ってサヨナラ。テレビの珍プレーの番組で必ず出てくるので、知ってる人は多いと思う。

実は、あのときの打撃コーチが柏原だよ。朝日放送かどこかで解説者をやっていたのを、俺が監督になったときに呼んだんだけどな。柏原と新庄は、「敬遠球でも打てそうな球だったら打ってよし」というすり合わせを、何日か前にしてたんだよ。実際、この前の日だったか、高めの球を打つ練習までしているからね。

それでこの日、槙原の投げた1球目が甘いとこに来た。新庄はこのとき、ショートが二塁ベース寄りに守っていたのを確認して、「三遊間に転がせばヒットになる」と確信したらしい。で、「打てる」と思ったんだろ。柏原も新庄に目で思いっきり合図を送り、新庄は2球目を、柏原が昔やったような大根切りでひっぱたいた。だからあの敬遠打ち、変わり者の新庄が思いつきでやったと思ってる人が多いみたいだけど、実はしっかりとした準備に裏打ちされた「必然」のプレーだったわけだよ。

柏原が日ハムへ移籍していなかったら、西武戦で永射の敬遠球をホームランになんてしてなかっただろうし、新庄の球史に残る珍プレーも生まれていなかったはずだ。そのすべての根っこが、俺が南海をクビになったことにあったわけだな。

おわりに

この原稿を作成しているのが2019年6月なんだけど、ちょうどさっき、エンゼルスの大谷翔平が、バックスクリーン左に逆転3ランホームランを打った。2試合連続の特大弾だ。肘の手術で出遅れたけど、徐々にエンジンがかかってきたみたいだな。まったく、見ていて楽しみな選手だ。

ご承知のとおり、俺は当初、大谷の二刀流には反対していて、「プロをなめなさんな」ってずっと言ってた。言い訳するわけじゃないけど、俺だけじゃなくて、ほとんどの専門家が否定していた。ところが、日本でもアメリカでも成功してしまい、おかげで手の平返しで、テレビの番組で謝罪する羽目になった。まったく恥をかいた。

実際、もし俺がどこかの球団の監督で、大谷が入団してきたら、二刀流はさせていなかっただろう。ピッチャー一本でやらせてたと思うし、そうなっていたら、この特大ホームランを目撃することもなかったことになるね。

もっとも、二刀流をやらせてくれないなら、大谷は日本を選ばず、最初からメジャーへ挑戦してたかもしれないけどな。でも、それが成功していたかどうかもわからない。日本でプロの世界を体感し、基本を学び、ある程度の実績をあげ、そのうえで渡米したのが今の大谷につながっているんだろうな。

何が言いたいかというと、大谷のホームラン1本からも、いろんな「もしも」が掘り起こせるということだ。目の前の現実は、いくつもの奇跡と偶然が折り重なり、たまたま生まれた結果だとも言えるわけだからね。

今年も中日の根尾昂や、日ハムの吉田輝星など、期待のルーキーがプロ野球にたくさん入ってきた。大谷やマー君のようなスターが海外へ出ていく一方で、新しいスターも生まれてくる。もちろん、高校で活躍しても、プロは厳しいからね。一軍に定着して数字を残すことは簡単じゃないけど、そういう世界へ自ら入ってきたわけだからな。楽を求めたら苦しみしか待っていないんだから。今は24時間、野球のことだけを考えるくらいでいたほうがいい。

時代が平成から令和になっても野球は続くんです。彼らがこれから、また新しい時代の「もしも」のドラマを次々と作ってくれて、野球ファンを楽しませてくれることを期待したいと思ってる。

ルーキーだけじゃない。丸（佳浩）がFAで広島から巨人へ移ったけど、あれなんかも典型的な「もしも」のネタの一つじゃないか。「もし、丸が広島にとどまっていたら」なんて話は、野球ファンが今後ずっと語り続けるテーマの一つだと思う。

今回、「投手編」や「捕手編」などにわけて、27の「もしも」の物語をひねり出してみた。昔を思い起こしながら原稿を作ってきたけど、日付やデータなどは忘れてるのも多かったので、そこはスタッフや編集部にお願いして確認してもらった部分もある。だから、もし数字の間違いが出てきても、これも俺には言ってこないでほしい（笑）。いいじゃないですか、小さい話だよ。この本のポイントはそこじゃないんだし。

あと、最初にも書いたけど、「ノムさん、それ強引すぎるよ」という話もあるかもしれない。あくまでも、出版社から頼まれたうえでの思いつきというか、よく言えばロマンというご理解で読み飛ばしていただければ大変ありがたい。

野村克也（のむら　かつや）

1935年京都府生まれ。京都府立峰山高校卒業。54年、テスト生として南海ホークス（現福岡ソフトバンクホークス）に入団。3年目でレギュラーに定着すると、以降、球界を代表する捕手として活躍。70年には南海ホークスの選手兼任監督に就任し、73年にパ・リーグ優勝を果たす。78年、選手としてロッテオリオンズ（現千葉ロッテマリーンズ）に移籍。79年、西武ライオンズに移籍、翌80年に45歳で現役引退。三冠王1回、MVP5回、本塁打王9回、打点王7回、首位打者1回、ベストナイン19回。通算657本塁打は歴代2位の記録。

90年、ヤクルトスワローズの監督に就任。98年までの在任期間中に4回のリーグ優勝（日本シリーズ優勝3回）を果たす。99年～2001年、阪神タイガース監督。06年～09年、東北楽天ゴールデンイーグルス監督。

現在は野球評論家として活動。『野村ノート』（小学館）はじめ著書多数。

もしものプロ野球論

著者　野村克也

2019年9月10日　初版発行

発行者　横内正昭
編集人　内田克弥
発行所　株式会社ワニブックス
〒150-8482
東京都渋谷区恵比寿4-4-9えびす大黒ビル
電話　03-5449-2711（代表）
03-5449-2734（編集部）

装丁　橘田浩志（アティック）／小口翔平＋三沢稜（tobufune）
構成　浮島さとし
校正　東京出版サービスセンター
企画協力　KDNスポーツジャパン
編集　大井隆義（ワニブックス）

印刷所　凸版印刷株式会社
DTP　株式会社 三協美術
製本所　ナショナル製本

ISBN 978-4-8470-6631-3
ワニブックスHP　http://www.wani.co.jp/
WANI BOOKOUT　http://www.wanibookout.com/